PETIT TRAITÉ DE MANIPULATION AMOUREUSE

Fragments d'une histoire

Commentaires philosophiques
Collection dirigée par Angèle Kremer Marietti et Fouad Nohra

Permettre au lecteur de redécouvrir des auteurs connus, appartenant à ladite "histoire de la philosophie", à travers leur lecture méthodique, telle est la finalité des ouvrages de la présente collection.

Cette dernière demeure ouverte dans le temps et l'espace, et intègre aussi bien les nouvelles lectures des "classiques" par trop connus que la présentation de nouveaux venus dans le répertoire des philosophes à reconnaître.

Les ouvrages seront à la disposition d'étudiants, d'enseignants et de lecteurs de tout genre intéressés par les grands thèmes de la philosophie.

Déjà parus

Monique CHARLES, *Apologie du doute*, 2011.
Abdelaziz AYADI, *La philosophie claudicante*, 2011.
Mohamed JAOUA, *Phénoménologie et ontologie dans la première philosophie de Sartre*, 2011.
Edmundo MORIM de CARVALHO, *Poésie et science chez Bachelard*, 2010.
Hichem GHORBEL, *L'idée de guerre chez Rousseau. Volume 2, Paix intérieure et politique étrangère*, 2010.
Hichem GHORBEL, *L'idée de guerre chez Rousseau. Volume 1, La guerre dans l'histoire*, 2010.
Constantin SALAVASTRU, *Essai sur la problématologie philosophique*, 2010.
Angèle KREMER-MARIETTI, *Nietzsche ou les enjeux de la fiction*, 2009.
Abdelaziz AYADI, *Philosophie nomade*, 2009.
Stéphanie BÉLANGER, *Guerres, sacrifices et persécutions*, 2009.
Jean-Jacques ROUSSEAU, *Essai sur l'origine des langues*, 2009.
Jean-Jacques ROUSSEAU, *Discours sur l'origine et les fondements de l'inégalité parmi les hommes suivi de La reine fantasque*, 2009.
Martin KUOLT, *Thomas d'Aquin, Du Mal,* 2009.

Emmanuelle Charles

PETIT TRAITÉ
DE MANIPULATION AMOUREUSE

Fragments d'une histoire

L'HARMATTAN

5-7, rue de l'École-Polytechnique ; 75005 Paris

http://www.librairieharmattan.com
diffusion.harmattan@wanadoo.fr
harmattan1@wanadoo.fr

ISBN : 978-2-296-55694-2
EAN : 9782296556942

« La plus belle moitié de la vie est cachée à l'homme qui n'a pas aimé avec passion. »

STENDAHL

« Et il n'est rien de plus beau que l'instant qui précède le voyage, l'instant où l'horizon de demain vient nous rendre visite et nous dire ses promesses. »

KUNDERA

Note au lecteur

Ce *Petit traité de manipulation amoureuse* propose au lecteur, à travers l'histoire romancée d'une femme amoureuse, de découvrir un homme aux facettes multiples dont le portrait s'éclaire au fil de la plume.

Cet écrit traduit la volonté de l'auteur de laisser au fur et à mesure des événements vécus se lire un visage énigmatique, complexe, dont l'analyse du profil psychologique ne prend place qu'à la fin sous la forme d'un petit essai où réflexions et analyses psychologiques se concentrent autour de ce même personnage kaléidoscopique dont le portait mérite qu'on s'y attarde.

De nombreuses femmes pourront y retrouver des attitudes masculines égotistes et percevront la difficulté de les classer en un profil psychologique type.

Il n'en reste pas moins que cet ouvrage veut pouvoir sensibiliser les femmes aux signes annonciateurs de manipulations et éventuellement leur donner quelque aide pour y faire face.

I

LA RENCONTRE

Un beau visage inspire toujours...

« *Vous n'avez pas peur d'un psychopathe ?* »

Drôle d'entrée en matière, avais-je aussitôt pensé sans pourtant y avoir prêté plus attention…

J'avais pris l'habitude depuis déjà un mois de partir à la plage, un livre sous le bras. *Beau Rivage plage*, plage publique, face à l'hôtel du même nom. Je m'y rendais chaque jour en suivant la Promenade, l'œil rivé sur l'horizon bleu, infiniment azuréen. J'y passais en moyenne une heure trente à deux heures, baignade (au moins vingt minutes aller-retour bouée), bronzette et lecture, tout compris !

Je ne me lassais pas de ces moments de décontraction : temps sportif et littéraire tout à la fois… J'aimais méditer certaines phrases ou pensées que je laissais en suspens le temps de la baignade.

J'appréciais Pascal Quignard pour ce ton philosophico-poétisant, parfait pour mes lectures méditatives de plage…

J'avais pris ce jour-là *Sur le Jadis* à moins que ce ne soit *Abîmes*, ma mémoire me fait défaut ! Cet auteur portait sa réflexion sur ce qu'est un passé lointain et figé (le Jadis) et sur ce qu'est un passé en mouvement (le sien propre et récent).

Il m'invitait ainsi à une relecture du temps que je prenais comme une invitation au voyage…

Tu parles d'un voyage, j'allais être servie !

J'étais allongée à plat ventre sur ma serviette, concentrée sur la prose de Quignard, lorsqu'un très bel homme que j'avais remarqué déjà, tant il était impossible de ne pas le voir, s'avança…

Je reviens sur son attitude qui convoquait déjà tous les regards : sous la douche tout d'abord après son bain. Je le voyais prendre un temps excessif à se rincer en observant l'environnement alentour. Il prenait un temps fou à se badigeonner de crème (visage et corps) avec une attention toute particulière, si particulière que je me rappelle m'être dit que ce personnage était assurément bien autocentré. Narcissique sûrement. Je remarquais en effet qu'il s'occupait avec soin de son corps.

Bien proportionné, musclé (des jambes d'athlète), bronzé (un peu excessivement à mon goût), avec une voix sensuelle qui portait. J'eus tout le temps de l'observer. Il se comportait comme soumis à l'approbation du regard des autres et complètement détaché d'eux à la fois.

Attirée par ce comportement très à part, je souriais.

Quand soudain - je me souviens avoir baissé la tête après avoir soutenu son regard qui plongeait droit dans le mien -, je ressentis une émotion vive qui m'étonna : ni le profil de cet homme ne correspondait à l'idée d'homme idéal que je m'étais faite, ni son comportement pour le moins curieux… Et pourtant…

Il se leva et vint à ma rencontre : « *Vous n'avez pas peur d'un psychopathe ?* »

Je ris et lui répondis que non, bien entendu. Très étonnée de cette entame… Nous échangeâmes alors quelques réflexions sur le livre que je lisais (je notai d'emblée son intelligence vive et remarquai encore que, même de près, sa plastique était parfaite).

Je me souviens d'avoir pris plaisir à la discussion et d'avoir appris son nom - il se prénommait Jules - en le saluant et en montant les marches qui remontaient à la Promenade.

J'étais tout émoustillée en prenant le chemin du retour, très désemparée par ce personnage très à part. Très désireuse aussi de faire plus ample connaissance.

Je revins donc le lendemain sur les lieux.

Je l'aperçus, dès mon arrivée, en pleine conversation avec un groupe de femmes d'un âge certain avec lesquelles il se plaisait à échanger, non sans humour, des recettes pour garder la pleine jeunesse (crème à base d'argan etc.). Il avait l'air d'être là dans la discussion et totalement absent : ça me frappait encore… Avec un recul intelligent sur les énoncés idiots déversés par ces égarées matures auxquelles il s'adressait.

C'était alors simple d'échanger sur n'importe quelle base.

Il mettait là en scène une posture de lui-même. Encore !

Il prenait comme prétexte l'intérêt qu'il pouvait porter aux autres pour mieux lire son propre visage dans ces visages de façade.

Se mieux apercevoir et par suite se mieux connaître au contact des autres pris comme supports de connaissance de soi. Retour sur soi toujours.

Je l'observais très intriguée par cette intelligence et cet humour dont il usait en toute situation avec virtuosité. Un surf inégalable.

Il vint à nouveau à ma rencontre.

« *Bonjour !* »

Il me questionna sur ce qui m'amenait là, sur ce que je faisais dans la vie… les questions d'usage !

Je lui fis part alors de mon profil : double orientation : scientifique et culturelle. Journaliste scientifique et culturelle.

Il se présenta alors comme protecteur de données informatiques de banques : il disait réaliser des programmes secrets pour protéger des données informatiques confidentielles.

Un personnage décidément bien mystérieux, troublant et intrigant.

Je lui proposai alors de nous rencontrer ailleurs que sur cette plage : « *Un ciné ?* »

Sa réponse fut nette : « *Un ciné ?* »

Il n'y allait plus depuis longtemps ; ça l'agaçait !

Je n'insistai pas.

Je le saluai donc en me persuadant au fond qu'on n'avait peut-être pas autant de points communs que je l'avais imaginé.

Je revins pourtant le lendemain, me baignai assez longuement et m'affalai sur mon petit matelas bleu et blanc.

Je le vis venir à ma rencontre, s'excusant de sa réaction de la veille.

Il me dit alors qu'il avait eu peur que je ne revienne plus et que ce serait avec plaisir qu'il envisagerait avec moi un ciné.

On se mit d'accord sur le jour et l'heure.

On se décida finalement pour le film *La cloche a sonné* de Bruno Herbelot avec François Cluzet, Elsa Zylberstein et Fabrice Lucchini. Un film sur l'univers du coaching, drôle et bien interprété.

Et c'est là que tout commença.

Je le vis arriver très élégant, trop élégant pour ce type de rendez-vous : costume impeccable Cerruti. Ça changeait du slip, maillot « Hom », de plage !

En revanche toujours plein d'humour et d'intelligence quel que soit le sujet abordé… de la répartie et de l'à-propos… Ce qui me séduisait à plein.

S'ensuivit une relation belle et pleine, des petits mots doux et complices : ce que l'on a coutume d'appeler une passion immédiate, une relation vite fusionnelle.

De nombreux SMS enflammés, la sensation d'être unis corps et âme. Un partage, une plénitude des sens, sans que l'on se sente en reste sur le plan de la parole, des connaissances et vérités échangées. Bref une communion.

Se passèrent ainsi quelques mois sans ombre au tableau : des balades à vélo, des baignades sportives (trois allers-retours bouée par jour), des nuits d'amour pleines d'ivresse et de poésie (je me souviens avoir composé avec lui des rythmes et des paroles emplies de rires et de sucs mêlés dont je me souviendrai à jamais), de l'amour plein d'attention à l'autre et pour l'autre.

Des nuits musicales où nous écoutions au gré de nos envies des musiciens qui se produisaient au « *Bar des Oiseaux* » et dans des petites rues escarpées… Des baisers endiablés et enflammés à la sortie de ces concerts et des nuits ivres d'amour toujours !

Jusqu'à ce que sans crier gare… je tente un matin de le contacter à son domicile. Personne.

***

II

AVEC PERSONNE

Quel être avec quel visage ?

Je m'inquiète, je laisse un message, personne…

J'essaie sur son portable… toujours personne…

Je décide de faire un saut à la plage (c'était samedi ou dimanche) sur des plages que nous fréquentions ensemble : personne.

Je décide alors de longer la Promenade en scrutant l'endroit où il aurait pu se trouver, et finalement au *Castel Plage*, je l'aperçois.

Je me dirige vers lui. Il me voit m'avancer et fait mine de ne pas me reconnaître. Il est en position allongée sur le dos, écoutant son baladeur, se dorant au soleil sans me porter attention.

Suis dépitée et lui demande ce qui se passe !

Suis reçue avec un « *laisse-moi, oublie-moi* »… qui déclenche alors en moi une incompréhension vive.

Je laisse échapper un « *tu me prends pour quoi ?* », et très vite un « *tu aurais pu fréquenter n'importe quelle nana si tu ne voulais pas de suite* »…

Je m'en vais en larmes sans comprendre ce changement brutal et complet de situation. Blessée et outrée.

Je me souviens m'être dit qu'en dépit de cette situation désolante, je n'allais pas me laisser abattre !

Je me dirigeai donc vers la place du *Palais de Justice* (il fallait que Justice soit faite !), où je commandai une salade *Toscane* avec une *Leffe*.

De délicieuses olives vertes et noires devinrent mes complices ce jour : j'avalai tout (*Oil and Co*...!), sauf cette dernière scène... Bad Trip !

Je levais les yeux au-dessus de cette place, reconnaissant que l'architecture niçoise était belle où qu'on lève la tête. Mais cette situation dans laquelle je me trouvais me laissait coite.

Je pleurais sans pouvoir arrêter mes larmes, sans savoir que faire ?

Avec des témoins aux fenêtres !

Sans être parano, je m'apercevais de cela (de la présence de personnes qui jouissaient de cette clarté et de cette luminosité niçoises et qui étaient, à leur insu, témoins de cette scène dont je n'étais pas fière !)

Lorsque... un SMS de Jules tinta !

Retournement alors.

Je l'avais dérangé dans son programme libre du jour, et pris, probablement non pas de culpabilité mais de mauvaise estime de soi, il ne tarda pas à renverser la situation - un de ces fameux retournements ! Que venais-tu faire en ces lieux - le *Castel-Plage* - comme si la plage lui avait appartenu en propre ?

Juste le voir... rien de plus... Son territoire, marqué... Comme les bêtes le marquent !

Je lui répondis qu'il me semblait qu'on était complices et que j'aurais bien compris qu'on puisse différer notre prochain rendez-vous (j'avais besoin autant que lui de cet espace). En fait, j'avais besoin de lui et de sa présence, mais je ressentais aussi cette pesanteur alliée à la plénitude, commune aux espaces pleins d'amour !

Je lui envoyai encore par SMS ma façon de penser (ça n'était pas mon mode de communication, mais je m'y faisais).

Je sentais que cette atmosphère trop fusionnelle l'angoissait autant qu'elle l'accrochait.

Je le comprenais.

J'étais sur le point de capituler quand la situation se renversa. A coups de SMS, on convint d'un rendez-vous le surlendemain…

J'ai du mal à me rappeler avec exactitude le déroulement de cette histoire tant les hauts et les bas se sont succédé. Avec une certaine arithmétique… Il me fit part alors de cette liberté qui importait pour lui plus que tout : « *Ma liberté d'abord, nous après* »…

OK, c'était limpide.

Pas besoin de décodage !

Je restais néanmoins sur ma réserve.

Je trouvais cette quête de liberté très infantile. Il avait dix ans de plus que moi !

Je confiai à une amie mon doute sur la situation : elle me dit alors : « *je ne sais pas quoi te dire* », hormis « *il est spécial ! ».* Elle avait eu l'occasion de le rencontrer en compagnie d'autres amis ; c'était d'ailleurs la seule fois, pour me faire plaisir, qu'il avait accepté une telle situation - il détestait la compagnie des amis -, et pourtant il avait accepté ce rendez-vous : il avait été subtil, délicat, durant toute cette soirée… mais je m'étais rendu compte qu'il avait fait cet effort pour moi. Ça avait dû lui coûter ce moment de fausse familiarité… !

Mais que dire ?

Je sentais qu'il n'arrivait pas à être à l'aise en société… sur une plage si… au fond, c'était une plage de temps !

***

III

UNE SI GRANDE COMPLICITÉ…

L'invitation au leurre parfait

S'ensuivirent des moments de grande complicité : on échangeait sur tout ! Avec spontanéité, réflexion et mise en commun de propos sur les sciences, l'actualité, la musique, la littérature. Avec intelligence.

Je me souviens de ce moment où nous étions au *niveau - 4* d'un parking, où nous ne pouvions décrocher d'un solo de basse du Trio « S.M.V. » (Stanley Clarke, Marcus Miller, Victor Wooten), très subtilement revisité, du célèbre standard « *TUTU* » de Miles Davis. Heureux ensemble *au - 4* !

Et d'autres moments musicaux où nous fusionnions littéralement… Quoi de plus beau… que cette réunion dans la saisie des notes, du beau, de ce qui surgit là ?

Je me souviens encore de ce concert à Monaco. On avait eu la chance d'écouter Riccardo Del Fra en sextet : contrebassiste hors pair dans *Roses & roots*. Nous étions bouleversés… avec dans la salle John Mac Laughlin, juste à nos côtés.

Au point qu'au retour, on s'embrassait. Sans voir le feu.

Les policiers alors, après contrôle des papiers, nous laissèrent repartir.

Belle soirée.

Et j'en passe : Avishai Cohen, Chick Corea, No Jazz, Herbie Hancock…

Je me rappelle pourtant être allée seule à certains concerts comme ceux de Brad Meldhau, Ahmad Jahmal, Jacky Tersasson…

On écoutait souvent *Eye of the Beholder* de Chick Corea : *L'œil du spectateur* en anglais, d'après le proverbe anglais *Beauty lies in the eye of the beholder*, « *la beauté est dans l'œil de celui qui regarde* ».

On était captivés par la beauté de ces rythmes, envoûtés et amoureux. Mais quand j'y pense, c'était très souvent au moment du trajet de retour, dans sa voiture, quand il me raccompagnait chez moi.

J'étais bercée par ces rythmes, ce qui devenait une sorte de rituel de « r »'accompagnement.

J'en avais appris un peu plus sur sa fonction : il n'était pas comme il me l'avait fait croire au début protecteur de données informatiques confidentielles de banques. Non ! Il dirigeait en fait une société et était donc amené à prendre des décisions importantes. Il aimait cet exercice autoritaire qui cadrait avec sa personnalité.

Quand certaines décisions étaient trop pénibles, il m'expliquait qu'il laissait le dossier en attente : en disant toujours « *oui, oui ...* » mais en ne faisant rien : « *Laisser traîner, laisser pourrir la situation...* ». Ne pas vouloir résoudre immédiatement le problème, ne pas se précipiter. Laisser… tout simplement !

Il complétait en prononçant cette phrase : « *La menace vaut mieux que son exécution* ». Quel programme ! Rester en position de décideur, afin de laisser l'autre dans l'attente, le doute. Attitude qu'il appliquait scrupuleusement à d'autres contextes, notamment celui des relations amoureuses.

Du coup, je ne savais jamais avec précision quand je le reverrais. Ça faisait sans doute partie du jeu, du plan d'action ! Tenir les rênes en toute situation. Être décideur, meneur…

Je découvrais ainsi mieux sa personnalité au fil de nos discussions, quoique l'animal fût difficilement cernable !

Ce qui m'avait intriguée et plu au début commençait maintenant à me gêner : j'avais la double impression de le mieux connaître et en même temps de me demander en permanence avec qui je me trouvais.

Très déstabilisant.

D'autant plus qu'il était capable d'être charmant.

Je me souviens d'une balade que nous avons faite le long des *Cascades de Gairaut*. Il faisait très beau mais je n'étais vraiment pas équipée pour marcher ! Qu'à cela ne tienne : il me prêta ses tennis qu'il venait d'acheter (évidemment pas à ma taille), que je mis avec de grosses chaussettes blanches qu'il me prêta aussi ; je portais une petite jupe à fleur au-dessus du genou : une composition insolite ! La balade fut formidable !

Nous passions sous des branches d'arbres, il me tenait la main, nous étions heureux. Il me disait que si on passait encore sous une troisième, on allait se marier dans l'année… Trucs et astuces de séducteurs !

Je me souviens aussi d'une excursion au *Jardin Exotique d'Eze*. Nous l'explorâmes dans toute son étendue. Des initiales d'amoureux étaient disséminées un peu partout : sur les arbres, sur les bancs, sur la pierre. Nous prîmes le temps d'admirer le panorama depuis le haut, enlacés.

Et la *Villa Ephrussi*, quelle merveille avec ses multiples jardins…

Les bons souvenirs ne manquent pas : on était bien où que nous nous trouvions.

Il m'en revient un pour dire cet état de bien-être et de communion : nous nous dirigions à vélo en direction de l'aéroport ; nous avions décidé de nous arrêter sur une plage proche. Nous enchaînâmes nos vélos en haut de la Promenade (ils étaient comme nous enlacés l'un à l'autre) afin de rejoindre la *Belle Bleue*.

Après nous être baignés et avoir joué ensemble dans l'eau comme deux gosses (l'amour est régressif !), je fus surprise par une lame de fond qui m'empêcha de rejoindre le bord : une vague, puis deux, puis trois et le bord semblait s'éloigner encore…

Prise de panique, je me souviens avoir appelé Jules, en lui criant de ne pas me laisser (angoisse encore régressive d'abandon, je ne sais… j'eus peur vraiment !)

Il vint à ma rencontre en me disant « *mais tu as pied* » ; il prit ma main et m'aida à rejoindre le bord : j'étais essoufflée et vraiment très effrayée.

Je tremblais. Il me rassura en me disant que ce phénomène était très rare : la vague de quatre heures existait bien mais ce type de vague de fond était exceptionnel.

Nous décidâmes de rentrer. Mais avant, il fit ce geste que je ne saurais oublier : mon maillot n'était pas sec, et comme il était bien plus organisé que moi, il me proposa de me prêter son slip : c'était une première ! Je mis ce slip vert jade sans me poser de questions, mais tout en me faisant la réflexion qu'il fallait bien un certain degré d'intimité pour se parer d'un tel accoutrement !

En tout cas, en l'enfilant, j'avais l'impression d'être revêtue de sa deuxième peau et je m'y sentais bien.

C'est l'unique expérience de deuxième « peau à peau », si l'on peut dire, que je fis !

Il va sans dire que cette expérience fut une révélation autant pour lui que pour moi !

Alors pourquoi, sans préavis, des périodes se succédaient-elles où je n'arrivais pas à le joindre ? S'absentait-il véritablement ? Je notai que ces moments faisaient très souvent suite à des échanges amoureux de grande intensité.

Des mises à distance pour éviter la fusion ? Chemin qui mène à la bonne distance à trouver ? Autant de questions récurrentes qui ne m'amenaient pas vers une meilleure connaissance de l'autre, mais plutôt à des sortes d'apories.

Amoureuse, mais toujours en question par rapport à un comportement atypique.

***

IV

UN ÉCHOUAGE ORGANISÉ…

Et toujours à sa manière propre

Quelques signes m'avaient alertée !

Il n'était pas rare, quand je le rejoignais sur telle ou telle plage, qu'il se positionne à l'envers ! La plupart des gens regardent l'horizon bleu ; lui, il tournait le dos à la *Grande Bleue* juste comme ça ! Ou bien il se mettait à côté de sa serviette, sur les galets, histoire d'en apprécier toute la matière !

Ou encore, je le trouvais allongé tout au bord de l'eau comme échoué ! Toujours à même les galets…

Il y avait quelque chose comme ça chez Jules : un échouage organisé !

Sur le ton de : « Je décide de ce que je veux, de ma position dans l'espace, de la distance que j'instaure entre moi et l'autre », bref un : « je ne lâche rien précisément… »

De cette position autoritaire initiale, il ne se dégageait pas. Malgré des tentatives rocambolesques de détours et de détournements. Encore !

J'avais envie de faire plus qu'un détour avec lui dans la vie. Aussi je lui proposai de partir deux trois jours ailleurs.

Il paraissait partant. On se disait que marcher dans *Les Baous*, hautes falaises blanches dominant plaines et collines du littoral, décor d'arrière-plan de tout le littoral azuréen, pouvait constituer un plan plus que satisfaisant pour nos envies d'escapade et de ressourcement auprès de *Dame nature*…

Enfin prêt à partir, il se procura auprès du Conseil Régional plans et itinéraires des *Chemins de Grande Randonnée* (GR), praticables en fonction des saisons. Moyennant quelques renseignements pris auprès de ses collègues marcheurs, il m'invita à quelque prudence et me dit qu'il fallait peut-être que nous commencions par des marches plus simples en temps et difficultés.

J'acquiesçai.

Il n'en fut plus question.

Cela agrémenta quelques bons moments de type « pause café », mais je crois qu'il n'avait pas la moindre intention de se projeter quelque part ailleurs avec quelqu'un. Même le temps d'un parcours de courte durée !

Un chemin ensemble ?

Il disait oui, oui ! Mais au fond, il n'y pensait pas !

Peut-être n'était-ce pas pensable tout simplement pour lui ? Ni même envisageable ?

Son parcours favori était :

Départ : Home Sweet Home

Arrivée : Plage

Retour : Home Sweet Home

Je pouvais faire partie de la navigation, mais on savait d'où on partait et où on arrivait !

Ça n'était pas pour me déplaire ; j'aimais ces moments de simplicité.

Je n'avais pas envie de me rendre à « Honolulu »… mais un petit coin un peu inattendu en amoureux m'aurait séduite ! Ç'aurait été une communion vraie.

Nous avions nos petits instants bien à nous et nous nous réservions des plages au gré de nos envies pour faire, au moment qui nous plaisait, ce que nous avions envie de faire : un luxe.

Ne pas avoir d'heure.

On était en phase là-dessus.

On appréciait les bons vins, et il avait une très bonne cave ! Nous eûmes ainsi le plaisir de boire ensemble de très bons bordeaux et sur ce terrain là (le terrain ou terreau du Bordelais), c'est lui qui m'initia : au Saint Julien type *Château Gloria*, *Fiefs de Lagrange*, *Château Beychevelle*, au Saint-Estèphe type *Château Haut-Marbuzet*, au Pauillac type *Lynch Bages*, au *Château Latour*... avec un sens du partage et un plaisir qu'on ne se lassait pas de se dire toujours.

C'était une communion là encore…

Et nos corps qui s'imbriquaient et se comprenaient jouaient comme deux instruments à l'unisson.

Au fond, je remarquais que tant que nous étions dans cet espace imaginaire, tout allait bien !

Mais c'était vivre dans le réel qui posait problème.

J'étais persuadée que le futur était plutôt féminin ; projeter était féminin, le présent plutôt masculin, vivre l'immédiateté, « *l'ici et maintenant* », tant de fois amenés comme seuls lieux de vie là !…

Nos corps le disaient : la femme, cette hôtesse qui accueille, l'homme qui prend et s'en va !

Et nos attentes… pas les mêmes.

Je ne faisais pas l'erreur de tomber dans une attente extrême. Mais quand j'aimais, j'aimais !

... Et Jules n'était pas tous les hommes !

Je lui avais fait part assez vite de mon désir d'enfant au début de notre relation : Ça l'avait de suite effrayé. Je lui avais dit que si le projet ne le tentait pas, on pouvait en rester là.

J'osais dire mon désir !

Il joua une fois de plus ! On en reparlerait ! On verrait plus tard !

Je lui laissais le temps…

Mordue, je décidais de voir… On voit … comme au poker !

C'était vite vu !

Je n'y voyais plus à deux mètres !

Des moments de bonheur intense, mais rien d'envisageable dans la durée…

Je le comprenais vite. Mais pourtant j'insistais. Aveuglement ! Et désillusion !

Je projetais mes désirs sur un personnage aux mille facettes : *Mille e tre* !

Avertie, j'aurais dû l'être…

Que dire à cette heure ?

« *Parce que c'était lui, parce que c'était moi* » ! Un lien de personne à personne, non interchangeable, unique…, existant, mais particulier !

C'était là ! De l'existant !

Faire fi de la durabilité, oui. Mais un temps !

Il faut dire que des mots doux comme ceux-là, jamais je n'en avais eus autant ! Quatre, cinq SMS par jour, enflammés, poétiques…

Je partais travailler, le coeur en joie, je revenais ; un petit SMS m'attendait… Avec des formules subtiles. Vraiment adressées…

On se voyait, heureux de se voir et de se revoir.

Non lasciare !

Nous étions là. Ensemble.

Ces multiples correspondances nous confondaient dans un espace commun. De fait. Et pourtant ce qu'il fallait bien nommer - différence - s'introduisait là.

Il me revient un événement particulier, vraiment symbolique.

Jules voulait des poêles qui n'accrochent pas ! (Les femmes aussi sans doute !) : Type 'Téfal' avec des manches détachables pour pouvoir les stocker dans des tiroirs plus facilement.

Nous partîmes donc chez Cora ou Auchan, à la recherche de ce type de poêles empilables ne prenant pas trop de place. Et là, quelle ne fut pas ma surprise ! Il me fit, une drôle de démonstration. Avec sa clef de voiture, il testait le revêtement de ces fonds de poêle, un à un. Il en endommagea trois sans culpabilité comme ça avec sa clef en me disant que cette qualité défectueuse des fonds de poêle ne pouvait justifier ce prix-là.

Je ne savais que dire, très embarrassée. Témoin de fait de cette situation.

Je pris la décision avec lui d'en prendre trois empilables, à un moindre coût. Et nous sortîmes de ce supermarché sans attirer l'attention. Ouf !

Il croqua dans quelques fruits exotiques à pleines dents, en les reposant là où ils étaient, sans commentaires autres que : « *Ils ne sont vraiment pas mûrs...* ». Je sortais très gênée. Abasourdie !

Et pourtant, toujours amoureuse de cet individu au comportement assez hors-la-loi.

Il n'y avait pas mort d'homme. Je décidai de ne pas en faire un plat !

A part quelques incidents du même style, rien dans son comportement n'était choquant, ni malfaisant.

De la délicatesse le caractérisait en général, de la compassion aussi.

Avec qui étais-je ?

Le suspense durait et, je dois l'avouer, m'intéressait.

Les jours et les années passaient…

***

V

UNE IDENTITÉ MASQUÉE

L'art d'apparaître mille e tre

Son identité devenait de plus en plus vacillante pour moi.

Je me trouvais avec son personnage qu'il mettait en scène chaque fois autrement.

Il lui arrivait de faire une réservation dans un restaurant sous un autre nom. Il avait réservé deux couverts un vendredi soir sous le nom de Gaston Leroux. Sans me prévenir. En entendant ce nom, je ne sus si je devais rire, partir, ou rester !

Il avait voulu me faire plaisir. On était déjà venus dans cet endroit et on avait passé un moment délicieux.

Je mangeai encore la daurade avec appétit, profitai de la vue exceptionnelle de la terrasse, avec vue sur le cap, tout en me questionnant sur les raisons de cette fausse identité.

Je savais qu'il venait là professionnellement. Peut-être ne voulait-il pas qu'on le reconnaisse dans un cadre privé ? Peut-être y emmenait-il d'autres femmes ?

Je m'interrogeais… Il composait encore avec le mystère et les équivoques. Je précise que nous nous connaissions depuis déjà cinq ans. Ce jour-là, il portait une bague style alliance. Il nous mit en scène tous les deux : M. et Mme Leroux…

Dans quelle mauvaise pièce me trouvais-je ? Avec quel acteur ? De et dans quelle série ?

Du coup, à la fin de cette soirée, je lui demandai de me déposer en ville, préférant rentrer à pied chez moi afin d'aérer mon esprit et cette histoire !

Certes, il me mettait dans sa vie par moments, mais toujours dans une sorte de présence-absence.

Force était de m'apercevoir que ce qui m'amusait en début de relation m'irritait à la longue. Ce : « *Je suis avec toi mais pas complètement* » me déstabilisait.

En rassemblant mes souvenirs, je me souviens d'un été où Jules avait décidé de faire quelques travaux chez lui. Il me demandait conseil pour la décoration, et nous avons été choisir ensemble les carrelages de sa cuisine.

J'étais flattée et presque émue ; j'avais l'impression qu'il m'associait enfin à ses choix et qu'il me faisait ainsi davantage entrer dans sa vie.

Je remarquai à cette occasion qu'il était très exigeant : il demandait au carreleur qu'il fasse un « *travail de pro* » : ça voulait dire selon son expression « *un carrelage posé droit... un résultat au laser !* ». Je m'amusai de cette formule qui collait bien au personnage : la recherche d'un travail méticuleux mais surtout un travail qui tienne compte de sa demande en temps, heure, et perfection !

Il fit reprendre le travail de pose au carreleur en lui prouvant que l'alignement des carreaux n'était pas parfait. Ça n'était pas un travail effectué « au laser » comme il lui en avait fait la demande !

Je me disais qu'il devait faire preuve de cette même autorité au travail et qu'en somme il n'était sans doute pas commode.

Je le charriai avec ça gentiment. Et il me répondit : « *Tu ne me reconnaîtrais pas au travail, rien à voir avec l'homme que je suis avec toi.* »

Je n'en doutais pas… J'avais remarqué que l'autorité dont il faisait preuve relevait aussi d'une image de grandeur qu'il avait de lui-même : une forme de superbe assortie d'une perception égocentrique.

En fait, au fil du temps, je notais en lui comme un conflit existant entre une haute valeur personnelle et quelque chose comme une image de soi détériorée.

À l'inverse, quand nous étions ensemble, je le sentais très vulnérable.

Parfois, je le voyais ému aux larmes, bouleversé par l'histoire que nous vivions. Il me disait le bonheur que je lui apportais. Je lui disais le bonheur qu'il m'apportait. Nous étions conscients alors de vivre une histoire particulière, forte en échange et partage d'émotions mais aussi en réflexions communes sur l'histoire de l'humanité, sur l'histoire des sciences. J'aimais les réflexions que nous menions sur des sujets variés. Nous partions d'articles du *Monde*, de l'actualité et d'ouvrages que nous commentions en fonction de nos références personnelles.

C'était à chaque fois un foisonnement d'idées brassées là. Même nos baisers en étaient plus nourris… De musique aussi, ils se rassasiaient… C'était une communion pleine !

Je me souviens des attentions qu'il avait à mon égard. Je travaillais le samedi et il venait me chercher le soir et m'amenait chez lui. Il avait tout préparé : petite salade composée, vin choisi amoureusement (il me laissait le choix entre plusieurs bouteilles), et nous dînions sur sa terrasse, baignée d'une lumière chaude.

On riait encore comme des enfants à la lecture de questions type « *Trivial Pursuit* » dans les apéricubes au fromage !

Nous oscillions entre ces futiles lectures apéritives, un dîner savoureux et des questionnements sur le sens de la vie et ses fondements.

Jules avait une connaissance universitaire assise en sciences fondamentales : sciences physiques, mathématiques… et un art du jeu. Nous jouions donc intelligemment et nos ébats se poursuivaient dans le jeu : tous nos sens étaient en éveil et nous riions de tout !

C'était ce que l'on appelle la joie pleine d'être avec l'autre.

Nous observions souvent le ciel ensemble. Il m'initia ainsi à l'astronomie et m'invita là encore à une approche méditative.

On partageait des goûts musicaux variés : je lui fis connaître le pianiste Antonio Farao et son '*woman's perfume*' avec Dominique Piazza à la basse électrique et André Ceccarelli à la batterie. Il l'écoutait et le réécoutait en boucle. Il s'appropriait le thème. Je le connaissais par cœur aussi. On se le réappropriait encore ensemble. Des écoutes denses, partagées. D'amour.

Bref, une rencontre qui bouleverse les deux personnages en scène.

Elle permet de rares fois ce partage en temps et temps différé d'événements : musicaux, théâtraux… C'est la lecture anticipatrice du passage musical qui vient là et qu'on sent poindre chez l'autre en même temps qui étonne et bouleverse à la fois. Comme une lecture anticipatrice de ce présent qu'on sent venir… Une lecture empathique à deux du même thème. Et si ça s'appelait l'Amour ?

Une perception d'œuvre d'art sous le même angle : on y est, là encore.

J'ai en mémoire cette scène que nous avons vécue. C'était à Menton au musée Cocteau. Le musée, installé dans un ancien bastion abandonné du XVIIème siècle, ancien fortin à canons construit sous Honoré II, prince de Monaco, avait été élevé pour défendre la baie de Menton en 1619. Cocteau le restaura et y déposa ses œuvres, dessina les mosaïques et les vitrines en fer forgé. On y trouve dessins, céramiques, zoomorphes, tapisseries, pastels…

Nous étions là… en harmonie avec le lieu - de vrais « *Innamorati* » en chair et en os - Un doublage parfait de ses œuvres !

On marchait sur ce sol, tapissé de galets judicieusement disposés en mosaïque, duquel émanait l'œuvre de Cocteau.

Choc esthétique et poétique.

Quelques lettres étaient consultables à l'intérieur d'une vitrine du musée : elles émanaient toutes de la plume de Cocteau. Je me rappelle que Jules retint quelques formules finales très personnelles et aposables en fin de courrier, réutilisables dans ses correspondances politiquement bien adressées !

Ce fut là encore une balade amoureuse, de bon ton, pas monotone.

***

VI

UNE EXISTENCE EN POINTILLÉS TOUJOURS…

Un tracé de soi en zones d'ombre

Un vécu en virgules, parfois en points-virgules mais de points jamais et de points de vue perspectifs encore moins !

Je reçus un jour entre midi et deux un appel curieux : un homme m'indiquait qu'il tenait entre ses mains un téléphone portable qui devait sans doute appartenir à mon ami, preuve en était le nombre considérable de SMS qui m'étaient adressés. Il l'avait trouvé sur la plage.

Prise de panique, j'eus peur d'abord qu'il soit arrivé quelque chose à Jules (il était bon nageur mais quand même !)

Je lui demandai si des vêtements étaient restés à proximité : il m'assura que non. Je me calmai.

Il me proposa alors de me l'apporter. Je lui indiquai un point de rencontre et on se mit d'accord sur l'heure. J'appelai Jules sur le champ à son domicile priant le Bon Dieu que rien ne lui soit arrivé. Je l'eus aussitôt : Rassurée, je lui dis de ne pas s'inquiéter que je venais d'avoir la personne qui détenait son portable. Je le sentis alors inquiet. Il me dit qu'il serait là très vite… Etonnée de cette précipitation, je m'interrogeai sur les motifs de ce déplacement si rapide : avait-il peur que je découvre d'autres contacts dans son répertoire, d'autres SMS adressés à d'autres femmes ?

En tout cas, il arriva aussi vite que moi au point de rendez-vous, récupéra sous mon nez son portable en donnant un dédommagement à la personne qui le lui rapportait, achetant ainsi son silence.

Je n'en appris pas davantage… le détenteur du portable de Jules m'avait laissé entendre que d'autres contacts et SMS lui étaient adressés, mais que les miens étaient les plus nombreux et que donc il en avait déduit que j'étais certainement sa compagne.

Je n'étais donc pas seule sur la liste…

Entre tromperie, perplexité et réelle communion… j'étais. Sans cesse.

Déception ! Mensonge et incertitude toujours en filigrane.

Quand je me mettais à analyser la situation, je me rendais compte que je m'étais accrochée aux mots donnés comme à des choses inaltérables, inoxydables : C'était dit, donc c'était vrai…

Couchés, qui plus est, maintes fois sur du papier, des écrans de portables (SMS), ces mots si délicatement déposés et agencés résonnaient comme une musique douce, rassurante à mes oreilles, et ensorcelaient mon âme…

Facile la technique ! J'étais ficelée ! Du moins au début…

Et puis c'était comme une acuité visuelle qui revenait :

Tout s'éclairait ! Actes et non actes me rendaient la vue !

Le réveil était rude !

De petits mots doux à la pelle. Comme :

- « *J'aime tout chez toi, tu es magnifique, je t'aime.* »

- « *Je suis convaincu qu'il y a une parfaite conjugaison entre nos deux sexes et entre nous deux. Je t'aime. Tu es rayonnante et ravissante. Belle. Je t'appartiens...* ».

- « *Tu es une super-nana. Ma Nana. Tout amour. On s'envole. Je t'aime.* »

- « *Je t'aime, dans mon Fief et sur toute la planète.* »

- « *Je suis enamouré. Tu es une Déesse d'amour et je t'aime. Ton J.* »

- « *Sur Mars ou ailleurs, je t'aime.* »

… Et plus de nouvelles. Silence radio…

Ou des ruptures sans signes annonciateurs : « *C'est trop fort entre nous. Je n'arrive plus à travailler. On arrête !* »

J'essayais de comprendre. Sans succès.

Du largage en douceur, on passait à un autre type de rupture : abrupt, rude, intraitable : « *Je ne suis avec toi que parce que tu es un bon coup* » !

Merci pour le bon coup !

« *Je lui envoyai ce jour-là que lui l'était aussi et surtout, probablement, un très bon acteur de série B* » !

Blessé dans son amour-propre, il me renvoya quelques SMS qui changeaient de ton : un ton peu amène cette fois. Et puis plus rien…

Jusqu'à la fois d'après où il reprenait le ton amoureux : « *Joyeux Noël. Je ne t'oublie pas.* »

Et ça repartait !

Je voyais bien qu'il s'agissait proprement là de ce qu'on appelle dans le langage courant un manipulateur, mais en même temps je ne pouvais pas croire que tous ces mots et actes d'amour n'étaient rien !

Car, quoique je puisse en dire, je l'avais dans la peau.

Et nos corps ne mentaient pas, eux ! Alors que faire ?

Même le monde extérieur constatait cet amour !

Je rejoignis Jules un matin et traversai la cour de mon immeuble. Nous partions faire une balade à vélo. Un vieux monsieur avec lequel j'échangeais régulièrement sur tout, qui habitait au rez-de-chaussée de l'immeuble, me fit cette réflexion qui me fit sourire : « *Où courez-vous comme ça, belle enfant ? Vous courez vers l'amour…, C'est beau l'amour* » ! A quoi il rajouta : « *Ah ! Si j'avais vingt ans de moins !* »… il en avait déjà bien plus de quatre-vingt !

Je me souviens m'être dit que même si je ne savais vraiment pas où j'en étais avec Jules, ni où j'allais, ni qui il était au juste, je partais… avec lui… dans cette unique direction : l'amour ! Et je savais que j'y étais dans cet état 'd'amour', et je le voyais y être aussi ! Quelle délectation !

L'amour c'est beau avec cet indéfinissable, ce « *je ne sais quoi* » qui fait qu'on sait qu'on y est, qu'on y participe là, et avec ce constat d'universalité : l'amour se donne à voir, comme l'œuvre d'art. Kant donne du beau une description très fine : « *Est beau ce qui plaît universellement sans concept* ». On ne peut pas dire pourquoi ça nous plaît ; c'est « *sans concept* » ; c'est « *ce je ne sais quoi* » qui fait que ça nous plaît, mais tout le monde s'accorde à dire que cette œuvre est belle - constat d'universalité. C'est identique pour l'amour, ça se voit, ça ne se conçoit pas.

On était deux à se laisser porter par ce fameux lien donc, qui se donnait à voir dans l'expression des deux amoureux, les « *Innamorati* » !

La difficulté que je rencontrais avec Jules, c'était de maintenir ce lien dans le temps. Il s'échappait régulièrement sans signes avant-coureurs, me laissant seule avec mes questionnements, avec cette espèce d'indifférence froide, de détachement émotionnel soudain, qui faisaient suite à ce sentiment de communion pourtant bien là aussi.

J'étais perdue dans ce flot de sentiments contradictoires et paradoxaux.

Je remarquais sa facilité à créer du lien et à nouer des relations et en même temps sa difficulté à les maintenir dans le temps. Qu'elles soient amoureuses ou amicales, ces relations ne duraient pas. Au mieux elles s'interrompaient et reprenaient quelques mois plus tard.

***

VII

« JE SUIS MIEUX TOUT SEUL »

Personne n'est une île, lui était son monde

J'étais surprise par quelques-unes de ces réflexions qui montraient une prise de conscience de cet état. Il me disait : « *C'est terrible, je deviens de plus en plus asocial, et ça s'aggrave avec l'âge !* », « *Je suis mieux tout seul* ». Cette dernière phrase revenait de manière récurrente. Il prenait plaisir à la répéter devant l'Autre avec un grand A. Comme le plaçant ainsi dans cette position d'autre inexistant. Je te parle mais au fond TU N'ES PAS pour moi. Difficile retour sur soi passant par la médiation de l'autre. Mais de l'autre absent.

J'avais parfois l'intime conviction qu'étant juste un réceptacle vide, il se nourrissait de la substance vivante de l'autre. Quelques notes de sa part venaient confirmer cet état : « *Je suis un prédateur* » me disait-il et m'écrivait-il encore. Stupéfaite de cette affirmation, je m'interrogeais sans cesse sur ce personnage si énigmatique et si homme de théâtre.

Sa pièce, c'était sa vie. Et il était au centre de cette scène mille fois jouée de même manière. Comme une angoisse mille fois vécue et quasi redemandée ! Rejoue encore cette scène-là : c'est bien moi, je suis bien là !

Hélas, la scène se vidait, le laissant au centre de sa propre histoire.

Son histoire, il en laissait échapper quelques bribes : un père autoritaire, violent, dont tout le monde avait peur mais qui savait se faire respecter, parfois très doux mais imprévisible dans ses réactions. Je sentais de l'admiration dans ce qu'il en disait et aussi une peur fondamentale : une dualité paradoxale, fondatrice probablement de son identité à lui. Un couple 'autorité-douceur', antithétique, organisateur d'un comportement.

De sa mère, il disait beaucoup de bien : c'était la douceur caractérisée, s'effaçant devant son père et sachant le prendre à la fois.

Une sainte, quoi !

Difficile d'être cette figure-là !

Il me reprocha de « *ne pas savoir garder un homme* ». Classique !

Je me disais que s'il fallait ne rien dire à un homme des choses qui contrarient, alors la relation elle-même n'existait pas. Et que s'il fallait que j'incarne la figure de la mère douce et muette, je ne pourrais jamais être celle-là.

En même temps, il me disait des choses comme « *Je n'ai que toi* », « *Toi seule me comprends* »… Alors, je vivais avec cet être mystérieux, dont l'histoire parsemée de mosaïques se recomposait par petits bouts devant mes yeux, jour après jour…

Jules n'avait pas d'amis, des relations seulement…

Juste des connaissances et des relations nouées dans le cadre de son travail, ou sur la plage. Il s'arrangeait pour ne jamais accepter d'invitations afin de ne pas avoir à les rendre, que ce soit sur le plan professionnel ou dans le cadre de sa vie privée, malgré une facilité à entrer en contact avec tout le monde. Il me disait n'accepter une soirée avec ses collègues que s'il ne pouvait vraiment pas faire autrement. Il fallait qu'existe alors un intérêt valorisant pour sa personne.

...Et quand ses voisins sonnaient à sa porte pour l'inviter à une « *soirée entre voisins* », il ne répondait pas ou s'inventait des obligations l'empêchant de s'y rendre. « *Pas de contraintes* », me disait-il, d'aucune sorte... aucun jeu social...

La maîtrise de sa trajectoire toujours, laissant les autres au bord de cette route.

En définitive, un mépris des règles sociales et des autres. Les autres n'étaient là que pour le mettre en valeur lui.

Il fallait que ça lui apporte quelque chose cet entourage. Sinon, il s'en passait tout bonnement.

Et il le disait, sans gêne, comme si cette compréhension du monde qui était la sienne était la règle en soi !

Analysant son mode de fonctionnement au fil de la relation, je découvrais que l'homme que je croyais aimer était la construction d'une image à laquelle je m'étais attachée et que cette image ne correspondait en aucun cas à ce qu'il était au fond.

Je me souviens d'une scène, alors que nous nous fréquentions depuis deux ans déjà : des amis annonçaient leur prochaine visite. Je lui propose de les rencontrer. Il me dit alors tout de go : « *Je n'ai aucune envie de faire leur connaissance ; de toute façon, je ne les reverrai jamais, alors à quoi bon !* ».

Surprise et vexée par sa réaction, j'essayai de le convaincre en lui présentant le profil de chacun et en le persuadant qu'il aurait des choses à échanger avec eux dans plusieurs domaines.

Intraitable encore, il me conseilla de les voir seule.

Je me sentis alors non accompagnée. Pourtant, il parlait bien de moi comme de sa compagne, d'où perpétuelle confusion dans ma tête.

J'en parlai à mes amis qui m'incitèrent vivement à me détacher de lui. « *S'il te portait vraiment de l'intérêt, il chercherait à te faire plaisir et à rencontrer tes amis* ».

J'acquiesçai, me rendant à l'évidence, expliquant à mes amis que Jules avait ce comportement solitaire mais que, malgré tout, mes sentiments étaient forts pour lui.

Piège du corps, du corps à corps !

Et puis, il cherche soudain à me localiser, m'appelle très gentiment et me dit : « *à ce soir* ».

Et le soir, il me dit « *être comme ça* » ! : « *Tu sais, je suis bien tout seul. Le relationnel, j'ai déjà donné ! Ce type de relations amicales où on se rencontre sans vrai partage ne m'intéresse plus. Je n'ai plus envie de faire d'efforts* ».

C'est dit, entendu ! Je décide donc de ne pas l'encombrer avec ça et vois mes amis seule, dorénavant.

J'ai bien un compagnon, mais personne ne le connaît !

Je me rends compte, a posteriori, que progressivement, j'acceptais les règles de son jeu. Je partageais son monde, ses règles, ses lois.

Lors d'une rupture (il y en eut bien cinq, six !), il m'avait écrit ceci littéralement :

« *Je suis un amoureux très exclusif, au point d'enfermer l'autre dans mon propre espace personnel. Tout ce qui l'entoure devant disparaître. Terrible non ?... Alors tu vois l'homme que tu aimes ne correspond pas à tes attentes, il faut le fuir tant qu'il est temps, il n'a rien d'un bon père, rien pour faire un bon compagnon fiable, pas de quoi faire un amant non plus, car il est jugé trop dangereux...*

N'aie aucun regret, cette séparation t'épargnera sans doute bien des déboires avec moi. Tu es très belle, tu as l'avenir devant toi nantie de ton intelligence exceptionnelle, de ton enthousiasme, de ton sens du social et de l'humain, de ton esprit d'entreprise, tout cela devrait coller non ? Alors Bye-bye et bonne chance ».

Je fus abasourdie, anéantie à la lecture de ce mail.

D'abord parce qu'il parlait de lui à la troisième personne : « *Il faut le fuir !* », comme d'une facette de lui-même qu'il regardait et commentait : je me regarde de l'extérieur et voilà ce que je vois !

Aussi, parce qu'il insistait sur le « RIEN » qui le constituait : *« Il n'a rien d'un bon père, rien pour faire un bon compagnon fiable »,* ce VIDE qu'il cherchait désespérément à remplir auprès d'une personne vivante, PLEINE de vie !

Et enfin, parce qu'il m'annonçait sa non-fiabilité et sa dangerosité. J'étais à nouveau coite !

D'abord parce qu'il me disait oralement tout le contraire : *« Je suis quelqu'un en qui tu peux avoir confiance, quelqu'un de sérieux, de pas compliqué ».*

Et parce qu'il n'avait jamais fait état de ce caractère dangereux, mis à part ce que je croyais être un effet d'annonce.

Une blague simplement : « *Vous n'avez pas peur d'un psychopathe ?* », paroles en tout début de relation…

Je reçus ce mail en pleine face et, avec cette empathie qui me caractérisait, j'essayai de me mettre à sa place.

Je me disais que c'était une sacrée preuve d'amour que de pouvoir dire ça de soi, à l'autre : c'était se révéler et vouloir protéger l'autre de ce qu'on connaissait comme étant une part négative de soi.

Mais quand même *« Jugé trop dangereux » ?*

J'eus peur là en me disant que peut-être dans le passé il y avait eu violence.

Je le remerciai alors de cette franchise-là, le rassurai sur ses qualités, en insistant sur le fait que tout système évolue y compris l'humain. Et que cette évolution est le fruit du rapport à l'autre, aux autres. Je l'informai encore que je prenais acte de nos attentes divergentes et lui écrivis qu'il resterait l'homme qui avait marqué le plus mon histoire.

Je l'assurai enfin de sa présence dans mon cœur quoi qu'il arrive, suivi d'un *goodbye* Jules, bien adressé cette fois !

Il y avait quelque chose de rocambolesque dans cette histoire. C'était comme un courant alternatif : quelque chose qui change de sens régulièrement, alternativement, *on, off*…

Intense et irrégulier.

***

VIII

UN FLOU BIEN ORCHESTRÉ

Un fondu-enchaîné dont il était le chef d'orchestre, le metteur en scène, le producteur

Le chef d'orchestre, c'était Jules sans conteste ! Il était aux manettes de sa propre existence et de l'existence de celle qu'il emmenait avec lui. Sur sa route. Mais où allait-il ? Je crois qu'il s'en moquait. Il était là où il était et c'était déjà pas mal !

Comme au théâtre, il conviait la foule autour de lui à propos de n'importe quel débat ! Spécialiste en physique et passionné d'astronomie, il entendait bien en remontrer à qui voulait bien l'entendre. Au fait de toutes les théories, il était vraiment expert, disert, bref il accrochait !

J'étais souvent admirative et fière d'être avec quelqu'un d'aussi multicartes. Il était brillant et plein de fantaisie et d'humour, une certaine dérision à propos de tout : les fondamentaux du séducteur !

Comme les individus de son genre, il consultait la page du *Monde* sur le Web et avait en mémoire de quoi donner le change à n'importe qui sans difficulté, maniant le verbe avec facilité.

C'était un effet d'intelligence facile dont il ne se privait pas.

Une certaine imposture, mauvaise posture, du genre je sais me poser, proposer, porter n'importe quel sujet au débat, mais c'est bien moi au centre.

Je l'observais. Ses systèmes de défense en alerte comme un animal en proie à une attaque ou en chasse.

Il était souvent sur le qui-vive et probablement souvent inquiété pour dix mille raisons sur les lieux de son travail. Aussi s'accordait-il un relâchement bien compensatoire et mérité les week-ends.

Je le découvrais alors attentif, déverrouillé, après un bon bain dans la Méditerranée... beau de surcroît, sensuel et plein d'attentions pour l'autre. J'étais cet Autre du moment et ne m'en plaignais pas.

Il m'entortillait avec son écharpe bleue de baroudeur pour que je n'aie pas froid et il m'enveloppait de toute sa chaleur animale en me couvrant de baisers chauds.

On marchait et on allait prendre une bonne bière après !

On vivait au gré de nos envies et Jules alors savait prendre son temps. J'appréciais qu'il en soit ainsi.

Jamais aucun homme ne m'avait aimé comme ça : avec cette sensualité, cette délicatesse, cette robustesse et ces nombreux traits d'esprit. J'étais comblée.

Mais voilà qu'il s'absentait sans prévenir et qu'il disparaissait à nouveau sans préavis.

C'était devenu une habitude : je ne m'affolais plus...

J'aurais eu quelques années de plus : je me serais sans doute satisfaite de cette situation instable. Mais c'étaient les plus belles années de ma vie et je voulais que cette vie ressemble à ce à quoi j'avais rêvé comme tout un chacun !

Verrouillé, il l'était le plus souvent.

J'avais à l'œil ses gestes de fermeture répétés : à la plage, il s'enlaçait régulièrement, les bras croisés sur les deux épaules opposées, quand il parlait à quelqu'un qu'il ne connaissait pas comme pour se protéger.

Quand il nageait, pourtant, il était alors lui, à son aise, alerte et en communion avec l'élément mer. Il nageait très bien et longtemps. Du souffle, de l'endurance sans éprouver ni peur, ni danger. Quand il sortait de l'eau, il se déployait comme un cygne blanc écartant ses ailes, et se retrouvait droit comme un I bombant le torse dans une posture faussement naturelle. Posant, dès sa sortie de l'eau.

Même en maillot de bain, et sans être maître en psychologie, on lisait ses verrouillages. Je crois même que ça a dû fonctionner comme arme de séduction à mes dépens : les failles de l'autre qui se donnent à voir.

Les dessous de sa personnalité cependant m'étaient réservés, dans le noir et de corps à corps.

Montrer une image de soi forte et sans failles participait de l'image de grandeur qu'il avait de lui-même. Et surtout, il entendait ne pas se laisser dépasser par ses émotions. Il les contrôlait, quoi qu'il arrive et quand, elles le dépassaient, il fuyait…

Pas encordés mais reliés par un fil… nous étions. Celui du téléphone fonctionnait à merveille le soir. Aussi, il n'était pas rare que Jules me téléphone assez tard et très longtemps. Nous parlions de longues heures de tous les sujets imaginables, de l'actualité aux progrès de la science ; il m'expliquait les théories physiques sous-jacentes aux lois de l'univers… et je l'écoutais avec intérêt, amour, heureuse d'entendre encore et encore cette voix.

Il restait ainsi parfaitement connecté à ses heures et déconnecté sans signes avant-coureurs quand le lien devenait trop fort. À sa guise.

Pour ne pas se laisser envahir par ses émotions sous peine de perdre le contrôle, il les laissait poindre… mais tant qu'elles ne débordaient pas !...

Manifester ces émotions oui ! , que l'entourage les voie, oui encore ! , cela prouvait sa générosité. Sa grandeur encore et toujours… Mais se laisser dépasser par elles : hors de question ! C'était un signe de faiblesse et de déchéance. Il poursuivait d'ailleurs : « *nous, on est au-dessus de ça* » ! m'incluant de fait dans sa lecture du monde.

Quelle drôle de lecture ! Avec qui composais-je ? Comment pouvais-je me mettre à sa place ? C'était sa propre vision, toute personnelle… et, n'ayons pas peur des mots, qui frisait parfois la pathologie.

Du coup, j'avais l'impression d'être instrumentalisée. D'être sous une vraie domination mentale, un jeu pervers que je n'avais pas choisi.

***

IX

L'ÉLOIGNEMENT

Loin des yeux, loin du cœur... !

Je décidai alors de changer de lieu d'habitation : premier pas vers une lecture plus claire de ce qui se passait là. Je l'informai de mon choix. J'attendais un positionnement de sa part qui ne vint pas. Je patientai espérant qu'un acte soit enfin posé. Toujours rien.

J'étais seule encore face à un ancrage dans l'existence.

Il procéda comme à son habitude, visita quelques appartements avec moi faisant mine de s'intéresser à mon projet, mais ce projet restait le mien, pas le sien !

« *Faire mine de...* », mimer des sentiments, c'était le seul lieu qu'il pouvait habiter : lieu du maquillage, lieu du faire-semblant, lieu théâtral par excellence !

Faisant mine de m'accompagner lors de visites d'appartement, il me dit qu'ainsi nous aurions « *deux chez nous* », me donnant à entendre qu'il n'y aurait jamais un seul lieu commun pour nous deux.

C'était entendu ! Il ne s'engagerait pas davantage.

J'avais parlé à une amie psychologue. Elle m'avait mise en garde dès le début : « *Ce qui me gêne, c'est qu'il ne lâche vraiment rien... et en même temps qu'il ne te lâche pas* » !

J'étais dans une dépendance affective nocive, prise dans les filets d'un rusé retors qui alternait, avec un savoir-faire bien rodé, entre des phases de séduction et de destruction.

Il ne lâchait rien : très bien. C'est moi qui allais le lâcher !

Je ne voulais pas tomber dans cette attitude, loi du talion, « *Œil pour œil, dent pour dent* », mais, au fond, il m'y poussait. Je pris la décision de m'en aller et de déménager dans une autre ville : j'attendais toujours un revirement de situation qui ne vint pas non plus !

Là, j'étais ambiguë aussi !

Je l'informai de mon choix ; il me dit que c'était mieux ainsi. Pas de regrets donc…

Je pensais ainsi redémarrer une vie avec plus de clairvoyance et d'objectifs possibles à atteindre.

Mais malgré cette distance kilométrique posée entre nous deux et une rupture que je croyais définitive, il revint à la charge.

Mon amie avait raison : il ne me lâchait pas ! Mais il ne voulait rien de plus constructif et de plus abouti non plus !

Pourtant, quelle idiote ! J'eus du mal à résister et le rencontrai à nouveau. Il va sans dire que c'était moi qui faisais les déplacements. Des moments agréables s'en suivirent sans aucune projection possible dans l'avenir. Mais ça, je l'avais intégré quand même !

Il n'empêche que je me remettais à rêver à une existence recomposable à deux tels ces nouveaux couples à distance, pourquoi pas ?

Je m'éloignais de mes aspirations initiales et de mes désirs profonds. Jusqu'où irais-je ?

Je le rencontrais donc épisodiquement, l'été au moment des festivals.

Nous étions un couple heureux dans cet espace-temps raccourci.

L'espace musical nous réunissait. Dans ce bain-là, point de problèmes !

L'illusion toutefois de fusionner à merveille, le temps de cet espace musical défini... Nous eûmes le bonheur de rencontrer ainsi de grands noms du Jazz : Herbie Hancock, Chick Corea, Jacky Terrasson, Ahmad Jamal, Carla Bley, Keith Jarrett, EST, Avishai Cohen, Tigran Hamasyan, André Ceccarrelli, Roy Hargrove... des voix sublimes : David Lynx, Jose James, Elisabeth Kontomanou, Melody Gardot... des groupes plus déjantés : No Jazz...

Nous poursuivions la soirée chez lui avec, en mémoire, rythmes et lignes mélodiques variées et contrastés.

Ces musiques étaient des chemins pluriels que chacun des musiciens traçait : un itinéraire musical illustrant chaque fois un parcours de vie.

Des voies et cheminements intérieurs diversifiés. Aucun traçage dicté.

On s'intéressait au parcours de chacun : itinéraires personnel et musical confondus. Mais il n'était toujours pas question de notre chemin à nous.

L'esquive permanente d'un « Nous » possible. Tout était en suspens : selon son expression : « *à voir* »...

Laisser l'autre dans une incertitude grandissante était sa stratégie.

C'était tout simplement machiavélique : je te laisse entrevoir une ouverture pensable en idée, mais seulement en idée, rien d'applicable.

J'avais tenté de m'expliquer un jour avec lui sur cette esquive permanente ; la seule réponse que j'avais eue, c'était : « *Le réel ne m'intéresse pas !* »

Réponse fermée. Composer dans le réel avec lui était donc impossible.

Qu'attendais-je alors ? Au fond, que toutes les ouvertures et brèches de vie possibles attendues dans un discours antérieur (tellement ouvertes en début de relation), s'appliquent enfin... Il ne s'agissait que de mots, et pourtant ces mots restaient ancrés dans ma mémoire rétroactivement.

L'erreur fatidique était de lire les fonctionnements de l'autre calqués sur les siens propres. On fonctionnait différemment : nos attentes et les mots employés ne résonnaient pas de la même manière. La charge affective transmise dans ces mots-là n'était pas la même pour chacun.

Une manipulation, d'abord en mots, donc.

Il me revient d'ailleurs une scène en début de relation. Il s'adressait à moi en m'appelant d'un autre nom : j'étais « *Sa Mélodie* ». Le réel n'était déjà plus le réel. J'étais l'image transportée par ce nom et sa cohorte d'images mentales associées. Je me souviens de l'avoir contrarié un jour : je reçus alors en pleine face : « *Tu n'es plus pour moi la Mélodie que j'ai connue...* ».

Laquelle au juste ? Celle de ses aspirations imaginaires ? En tout cas, je n'étais plus à la place qu'il m'avait octroyée. Une place purement imaginaire dans un espace-temps mal défini.

Je pris donc la résolution du détachement après l'éloignement, tout au moins un moindre investissement affectif quand nous nous retrouvions. En idée. Et je vivais ce qu'il me donnait là sans rien attendre de plus. En idée encore !

C'était composer pourtant avec la surprise que les corps nous jouaient toujours. Du détachement en idée, mais le travail se faisait lentement par lequel je reprenais dans son comportement tout ce qui me choquait et empêchait une vie commune, particulièrement ses plages de T.O.C. !

***

X

LES T.O.C. DE JULES

Confidences enfin… mais sur le manifeste et pas vraiment l'intime

C'était d'ailleurs lui, qui, pour me mettre à distance assez vite, avait amené le sujet : *« Tu sais, il faut que je te dise, j'ai des T.O.C (Troubles Obsessionnels Compulsifs). Ça m'empêche de vivre avec quelqu'un. »*

Je pris note de l'information en lui disant que, jusque-là, je n'avais pas été gênée du tout par cela.

Il m'assura que si nous vivions ensemble il en serait tout autrement.

Mais quand j'y pense à présent, j'avais pourtant quelques exemples qui m'avaient heurtée.

C'était l'époque où Jules faisait des travaux chez lui ; c'était l'été. Il était très bricoleur et très doué manuellement. Il savait tout réparer et n'avait pas peur de se salir les mains. Il avait même changé, un après-midi chez moi, tout le système de chasse d'eau des toilettes (ce qui était peu ragoûtant). Il était très épris à cette période !

Il avait donc entrepris, cette fois chez lui, quelques travaux. Il s'attaquait alors aux portes. Il commença par celle de la cuisine et procéda aux travaux de ponçage. Vint le tour de la peinture, applicable en différentes couches. Il me disait toujours en être à la même porte, n'étant pas satisfait du résultat final.

Je le questionnai alors sur sa méthode. Il me dit qu'il recommençait et recommencerait tant que le résultat ne serait pas satisfaisant. Je m'intéressai de plus près à la question. Il me dit que le pinceau qu'il utilisait laissait à chaque fois quelques poils et que ça l'indisposait. « *Je veux un résultat impeccable : une porte lisse, parfaitement poncée et peinte sans qu'il y ait d'aspérités visibles* ». Je notai qu'il était perfectionniste ; c'était une qualité. Mais je m'inquiétai quand je vis le geste se répéter sans cesse sans qu'aucun résultat ne soit valide et valable à ses yeux. Il m'assurait être satisfait un jour puis se remettait à la tâche le lendemain en me disant qu'il avait tout recommencé, enlevé la peinture, et reponcé, et ce plusieurs fois de suite pour un malheureux poil : il s'agissait toujours de la même porte !

Conscient de ce travers chez lui, il riait de lui-même et poursuivait en me disant qu'il était aussi maniaque pour les gestes de la vie quotidienne : ainsi nettoyer son plan de travail dans la cuisine était long et fastidieux. Pas de gouttes d'eau et de traces visibles sur les plaques de cuisson à induction qu'il nettoyait plusieurs fois de suite et sur lesquelles il finissait par de l'alcool à brûler pour enlever toute trace encore !

Il riait encore de lui-même, dédramatisant la situation.

Quand nous faisions la vaisselle ensemble et que je procédais à un bref nettoyage, moins appliqué, (c'est certain !), du plan de travail, il me disait : *« Laisse, de toute façon je reprendrai tout demain ».*

Souci de perfection, attention pour l'autre et T.O.C. étaient entremêlés. Tout ça dans une ambiance de rires et de complicité. Toujours à l'époque.

Il me revient cette autre illustration de ce phénomène : il me dit qu'un jour, rentrant dans son bureau, il aperçut sur le mur, lui faisant face, un tableau dont il n'avait pas décidé de la place. Il appela une de ses collègues et lui dit : *« Vous m'enlevez ça tout de suite ! Je ne peux pas travailler avec cette toile accrochée face à moi ».*

Il me dit alors que c'était insupportable pour lui : une peinture abstraite représentant une composition faite de lignes et de traits, qui le dérangeait par sa configuration même. Il insista et fit enlever aussitôt ce tableau avec un ton très autoritaire et très contrarié. Il me narra encore cette histoire en riant de cet état de fait et de lui-même !

Il était comme ça, Jules, conscient de ses T.O.C., réactions qu'il ne pouvait s'empêcher d'avoir et sachant prendre les choses avec dérision. Aussi, je riais avec lui de ses petites manies. Ça m'amusait plutôt ; ça l'amusait aussi. Nous étions, là encore, complices.

Me revient ainsi un souvenir qui a marqué notre trajectoire commune. J'aimais cet arbre : l'olivier, pour ce qu'il représentait : un arbre chargé de symboles très forts : un symbole de longévité et d'espérance. Ainsi le décrit Hérodote : " *L'olivier fut brûlé dans l'incendie du temple par les barbares; mais le lendemain de l'incendie, quand les Athéniens, chargés par le roi d'offrir un sacrifice, montèrent au sanctuaire, ils virent qu'une pousse haute d'une coudée avait jailli du tronc* ". Un symbole de paix et de réconciliation : rameau d'olivier choisi par Dieu pour signifier à Noé que le Déluge était fini et que la décrue commençait, symbole du pardon. Un symbole de victoire : L'olivier était un cadeau chargé d'une signification gratifiante lors des jeux olympiques à Athènes. Couronne d'olivier et jarres d'huile d'olive étaient ainsi offertes aux vainqueurs, un symbole de Force : L'olivier était réputé pour son bois très compact, très lourd et très dur. C'est en bois d'olivier que furent faites les massues d'Hercule et c'est avec un pieu en bois d'olivier qu'Ulysse terrassa le Cyclope dans l'Odyssée. Un symbole de Fidélité : c'est aussi en bois d'olivier que fut fait le lit d'Ulysse et de Pénélope, lit qui n'accueillera aucun des nombreux prétendants au royaume d'Ithaque, durant les vingt ans d'absence du héros grec.

Cet arbre plaisait à Jules aussi. Je décidai un jour de lui en apporter un, plein d'olives, et peu encombrant. Il fut touché par ce geste et s'en occupa avec une attention toute particulière.

Il observait sa croissance et le nombre d'olives produites (j'oubliais : cet arbre est aussi symbole de fécondité !) et il m'en rapportait l'évolution. Bien exposé sur sa terrasse, l'olivier se développa très vite et fit beaucoup d'olives. Mais ses branches et ses feuilles prenaient des trajectoires quelque peu erratiques…

Malgré nos ruptures fréquentes, je remarquais que cet olivier, il le conservait et en prenait toujours soin avec amour. D'ailleurs, à chacune de nos retrouvailles, il me montrait combien il le choyait en mon absence, manière de me dire que quelque chose restait là de moi qui ne s'effaçait pas. (C'était d'ailleurs le seul arbre qu'il ait conservé sur sa terrasse).

Je me souviens que pour me reconquérir suite à une de ces ruptures, il m'envoya un email qui m'avait bouleversée, disant : *« à présent, il y a dix sept olives sur ton arbre qui ne demandent qu'à mûrir ».*

Le symbole de la réconciliation était en marche !

Mais revenons sur cette distribution désordonnée des feuilles et des branches. Il décidait régulièrement de tailler cet olivier pour que les branches prennent la direction qu'il souhaitait. Manière encore de décider d'un axe (même pour un arbre !). Manière toujours de dire encore son souci de rectitude, trait commun à ses autres T.O.C.

Pourvu que rien ne dépasse.

Pourvu que la direction choisie soit bien celle qu'il avait pensé comme étant la bonne, conforme à sa vision de la situation.

XI

LA BONNE DISTANCE ?

A proximité mais pas trop !

Trouver une direction semblable et la bonne distance entre deux êtres, entre « *être avec* » et « *être libre* » semblait préoccuper Jules principalement. Deux postures conciliables et souhaitables selon lui pour la recherche d'un bonheur à deux. Ô combien asymptotique, pour moi !

S'ajoutait à cela une autre difficulté : la distance à mettre entre deux êtres ne pouvait se concevoir que si l'identité des deux êtres concernés se révélait être claire. Or, celle de Jules, volontairement floue, masquée et fluctuante, ne rendait pas aisée cette recherche.

Comprenant d'ailleurs que son souhait était d'échapper à toute relation, car la relation signifiait, *de facto*, pour lui relation d'emprise (la relation était emprisonnante), je commençais vraiment à baisser les bras. Il me disait : *« Je suis un électron libre »* et en même temps : *« Je n'ai que toi »*. Un discours oscillant entre détachement et attachement, liberté et demande fusionnelle. Dans quelle histoire m'étais-je fourrée ?

Et un éternel : « *Je t'aime tant* », suivi d'un « *Laisse-moi, oublie-moi* » dont je ne savais que faire…

J'avais procédé déjà à un éloignement ; c'était bien à un détachement précédant une séparation à quoi je devais travailler à présent, car force était de constater que je ne pouvais porter et assumer seule une relation dont Jules ne voulait fondamentalement pas.

Etre relié était impensable pour lui dans une durée. Avec quiconque. Pourtant, je crois qu'il était capable d'aimer dans l'instant et dans un espace temporel court. C'était bien la problématique du lien qui était en question. Je n'étais pas 'psy' et n'avais pas envie d'être à cette place-là. Et lui n'avait aucun souhait de faire ce travail-là. Il vivait au jour le jour et n'avait aucune intention de donner de la cohérence à sa vie. C'étaient des instants pris, ici-bas, et ça lui suffisait.

Comment alors composer avec quelqu'un adoptant cette posture-là, surtout quand on l'aime ?

Il ne fallait plus y penser !

Je découvrais au fil de la relation que l'image qu'il avait présentée de lui-même ne correspondait pas à ce qu'il était. Et il entretenait le doute sur son comportement et sa personne en permanence : intriguer, rester mystérieux pour l'autre étaient ses fers de lance de séduction.

L'incertitude était de mise à présent : je le voyais, à son insu, en compagnie d'une autre femme qu'il retrouvait très souvent à la plage ; j'avais même eu quelques soupçons concernant une possible homosexualité (latente ou assumée ?). Bref, rien n'était lisible chez Jules et il s'arrangeait pour que ce flottement autour de sa personne persiste. Je m'apercevais qu'il se protégeait et cloisonnait ainsi toutes ces relations. Aussi s'était-il bien gardé de me présenter à quiconque.

Cette tendance au cloisonnement se vérifiait aussi dans les rangements qu'il pouvait faire dans son appartement. Des petits tiroirs rassemblant les reliques du passé ainsi que les petits objets offerts par ses « Ex ». Tout avait sa place dans un lieu. Sauf lui au centre de sa vie !

XII

UNE PERPLEXITÉ SANS NOM…

Mais perdure-t-elle qu'on cherche à en sortir !

Dubitative, je décidai de mettre un terme à cette situation ambivalente. Je pris l'initiative d'aller à la rencontre de cette femme que Jules côtoyait sur cette plage. Il était là aussi, le jour où je voulus en avoir le cœur net. Je pris les petits escaliers menant au bord de mer. Il faisait très beau.

Je les aperçus, très proches l'un de l'autre, rassemblant leurs avant-jambes comme deux enfants au bord de l'eau, avec un effet de complicité… je dis bien : un effet ! Je m'approchai, résolue à la questionner, elle. J'en apprendrais certainement plus… Je m'avançai : « Vous êtes son amie ? ». Embarrassée, elle me dit : *« Non, non, nous nous retrouvons sur cette plage ; nous sommes quelques étrangers à nous réunir là »*. Elle ne portait pas de haut de maillot et exhibait quelques décalcomanies çà et là, à moins que ce ne soient quelques tatouages indélébiles mal placés ! Perplexe, je décidai de reprendre ma place à quelques serviettes de là, en position d'observation.

J'attendis. Je tentai une avancée vers la mer en vue d'une baignade bien revigorante quand j'entendis la voix de Jules qui m'informait de la présence de nombreuses méduses dans l'eau. Pas kamikaze, je revins à ma place.

Mais je restai là, bien décidée à le mettre dans l'embarras. Très vite, il vint à ma rencontre ; je le sentais très mal à l'aise : *« Qu'est-ce que tu fais là ? »* me dit-il.

- « *Je voulais prendre un bain dans la Belle Bleue* », répondis-je.

- *« Ça n'est vraiment pas le jour ; tu as vu les méduses ? »*

- « *Oui, oui* »…

On était séparés depuis quelques semaines déjà. Je l'avais vu en compagnie de cette femme à maintes reprises alors que nous étions encore ensemble. Sur cette même plage. C'était une plage où nous ne venions jamais. J'en avais déduit qu'il la retrouvait fréquemment ici et qu'elle devait - prédateur comme il se définissait - être une nouvelle proie, ou déjà une compagne de quelques jours, voire de quelques semaines.

Je décidai de lui dire ma façon de penser : « *J'ai perdu cinq belles années de ma vie avec un manipulateur, un menteur, un affabulateur* »…

Il me reprit : *« N'exagère pas : deux ans et demi tout ou plus ! »*, minimisant le temps que nous avions passé ensemble, manière de me dire encore que le temps passé pour moi n'était pas équivalent à celui qu'il avait vraisemblablement lu, lui… Manière encore de n'avoir aucun compte à rendre : ça ne faisait pas si longtemps à ses yeux (c'est certain, si le calcul se faisait sur les heures effectives passées ensemble, les deux approches temporelles tenaient !)

Quel goujat ! Pensai-je alors… S'il me fallait encore des preuves de son indélicatesse, voire de son incorrection, j'allais en avoir d'autres… Il reprit : « *La difficulté de toute façon, ce n'est pas de rencontrer quelqu'un, c'est de le larguer tout court* ». À quoi il rajouta : « *Mais tu sais bien de quoi je veux parler, nous on n'a pas de problèmes pour faire des connaissances…* », manière de me rallier encore à sa façon de penser et de justifier son attitude. Je reçus un coup de massue cette fois : le vrai visage de Jules me faisait face. Je fus sans-dessus-dessous. Muette.

J'observai sa compagne ou amie du moment, qui n'osait pas trop regarder dans notre direction, mais qui percevait bien depuis sa serviette que le torchon brûlait !

Je laissai donc Jules à ses pseudo-explications assez vaseuses, décidée à ne plus le revoir. Je m'en allai, très déçue, mais assez contente d'avoir alerté cette femme visiblement contrariée par cette situation.

Reprenant le chemin du retour, je n'attendis pas longtemps : je reçus ce SMS : « *Tu n'avais pas besoin de me faire cette scène : on dirait une gamine !* »

A quoi je répondis aussitôt que c'était son comportement incompréhensible qui m'avait conduite à agir de la sorte. Et que c'était le résultat de ses mensonges additionnés, adressés aux autres et à lui-même, qui m'avait menée à cette enquête.

Je n'eus plus de nouvelles pendant quelques mois.

Et comme le dit la chanson : « *Le matou revient le jour suivant, le matou revient, il est toujours vivant !* »

Il me dit que c'était de la jalousie, que cette femme était juste une amie, une connaissance, qu'il nouait des relations avec des gens sur les plages, mais que dès que les personnes avec lesquelles il était en relation devenaient trop présentes, encombrantes, il changeait tout bonnement de plage… à la rencontre d'autres, moins quémandeuses.

Quelle drôle de lecture de la relation à l'autre ! me disais-je.

Je finissais par conclure qu'il était soit dragueur de plage, séducteur à trois sous ou, plus inquiétant, malade. Dans les trois cas, sauve qui peut !

Je ne sais de quel artifice il usa encore, mais je retombai dans ses bras malgré une inquiétude grandissante quant à son comportement et à son trouble de la personnalité.

XIII

DERNIÈRE SÉANCE…

ou répétition générale avant la rupture

Nous nous étions revus, comme c'était arrivé plusieurs fois, l'été, dans le cadre d'un festival. C'était en juillet.

Un rendez-vous sans rendez-vous.

Un point de rencontre sans pré-tracé.

Un carrefour pour amoureux surpris par l'amour.

… Une dernière scène.

C'était comme dans un conte. Un conte musical pour enfants : j'exagère à peine ! On était ces enfants-là.

Le temps d'une dernière séance. De jeu. D'amour. Le sait-on ?

Jules connaissait son texte par cœur. Je savais lui donner la réplique. Sur la même scène se jouait la même histoire, toujours.

On fit chacun son tour de piste. On se connaissait bien.

Cour et arrière-cour.

Notre histoire reprenait sur un ton plus juste. On s'accordait. J'y croyais encore. Une dizaine de jours s'écoulèrent au rythme de notre amour. Puis, césure !

Un autre personnage entra dans l'arrière-cour ! Il se prénommait Florian. Il vint s'asseoir. Juste à la table à côté, saluant Jules. Nous étions en train de prendre un café. Je perçus l'embarras de Jules. Florian l'invectiva : *« ça fait quelques mois qu'on ne t'a plus vu, Jules !* ». Jules ne répondit pas, visiblement très gêné. Il mit ses lunettes de soleil comme pour mieux se protéger. Or, nous étions à l'abri du soleil sous une grande bâche de bistro ! Il continuait à me parler de musique et à faire défiler des extraits de concert sur « *Youtube* » qu'il commentait comme si Florian était absent. Florian insista. Il avait une carte en main avec différents tracés de chemins de grande randonnée ou GR : « *Ça ne te dirait pas d'aller marcher, Jules ?* ». Jules, forcé de répondre, lui fit signe que non, qu'il n'avait pas le temps. Puis, pendant vingt minutes, Florian resta auprès de nous sans mot dire, un peu comme j'avais fait avec cette femme sur la plage avant de l'invectiver à mon tour. Lassé probablement, Florian salua Jules en lui envoyant un : « *À dans six mois alors, Jules* »…

Il me lança un regard dans lequel on lisait agacement, jalousie et compassion, et repartit, dardant sur Jules qui jouait avec ses lunettes un regard appuyé.

Je questionnai Jules : « *Qui est ce type ?* »

Il me dit l'avoir connu sur une plage (encore une !) et poursuivit par un « *Il n'y a rien eu* », « *J'en connais des gens, qu'est-ce que tu crois* ?»…

Le ver était dans le fruit… Je comprenais qu'il agissait de la sorte avec tout le monde. Je n'ajoutai rien. Démasqué, il l'était cette fois…

Nous passâmes la soirée ensemble sans y faire allusion et nous nous retrouvâmes le lendemain matin.

Dernière scène de plage : Jules partit se baigner longtemps ; il ne revenait pas. Il finit par approcher et longer le bord de sa serviette pour finalement s'asseoir à côté d'elle, visage tourné à l'opposé de moi. Sans une parole. Sans un regard.

Agacée par ce comportement, je lui demandai ce qu'il se passait. Il me dit alors : « *Je suis comme ça ; je suis lunatique* ». A quoi, je répondis qu'il savait également être tout autrement. Son visage était fermé, son regard absent. Il poursuivit alors par un : « *De toute façon, je ne suis pas fiable* ».

Dernier coup de semonce.

Dernière séance.

La messe était dite !

***

XIV

PASSAGER AMOUREUX
OU ASSASSIN D'EAU DOUCE ?

Confusion possible…

Manipulée et/ou aimée ? La réponse se trouvait très certainement entre, à la frontière. Je décidai de questionner mon fonctionnement propre. Jamais je n'avais été prise dans et par une relation de ce type. Il y avait là comme une forme d'addiction à l'autre dont je ne pouvais me défaire. Une drogue.

Je cherchais sans cesse à comprendre les mécanismes sous-jacents du comportement de Jules, l'excusant à chaque pas inexpliqué, essayant de rattacher tel acte à tel traumatisme ou blessure infantile originelle au fur et à mesure de l'histoire personnelle qu'il avait bien voulu me conter, comme pour le disculper. Je jouais un peu le rôle de compagne-psy le rassurant sur lui-même. A cette place de psy dont je ne voulais pas, j'étais. Mais pas que…

Et c'était bien une sorte de brouillage de placement qui s'opérait là : j'occupais une place de compagne par 'intérim' et une place de psy mi-dite et à mi-temps.

Et puis, quoique je veuille bien en dire, j'avais été vraiment bien dans cette relation à deux. Des moments de partage émotionnel comme ceux-là… je n'en avais jamais vécus de tels avant cette histoire. Ce qui était vraiment troublant.

Parenthèse : cette sorte de communion avec la nature et ses éléments, notamment l'élément « eau », c'était bien lui qui me l'avait apportée.

Ce nouveau regard sur la nature avec laquelle on compose (On fait partie de cette nature-là aussi et on l'appréhende mieux en se baignant par exemple dans cette immensité mer) me permettait d'être reliée à un tout dont je n'avais pas, à ce point, conscience. Comme le fait d'être aussi cette partie d'univers si petite soit-elle… reliée à ce tout immense encore. Jules m'avait apporté ce recentrage de soi nécessaire par rapport à ce tout. Merci pour ça, Jules !

Mais pour ce qui est des moments de vie terrestre, ils n'étaient pas amenés à durer pour la simple raison que Jules ne pouvait les envisager dans un temps continu. Je doutais ainsi de la sincérité de ses sentiments compte tenu du peu d'actes posés.

Une incapacité à… ou une volonté de ne pas… ? La réponse devait se trouver encore entre…

Incapacité à… car non-responsable de la situation - il me disait son handicap - manière de me dire aussi son amour.

Volonté de ne pas … manipulation perverse, voulue, symbole d'une volonté de domination constante.

Et moi là-dedans, j'étais comme spectatrice alors que je voulais être actrice de la situation. Dedans et dehors à la fois… dans une scène théâtrale plutôt qu'en un vrai pan de vie.

Face à un passager amoureux ou à un assassin d'eau douce ?

Entre ! Véritablement !

***

XV

QUI EST QUI ?
OU PETIT TRAITÉ
DE MANIPULATION AMOUREUSE

… Avec et sur les paroles de Barbara…

« *Qui est qui ?*
On ne sait plus qui on suit.
Quel programme.
Qui est qui ?
Peu importe notre anatomie.
Ce qui compte, c'est ce qu'on nous a mis
Au fond de l'âme.
Qui est qui ?
Qu'est-ce que ça peut faire, au fond d'un lit.
La nuit, tous les chats sont gris.
Qu'est-ce qui fait le plus mal
Quand on est animal :
Etre mâle ou femelle ?
Qu'est-ce qui fait le plus mal
Et où est la normale ?
Etre un il ou une elle,
Une elle sur une île
Ou un il sous mon aile ?
Qui est qui ?
Parmi tous ces travestis,

Cherchez la femme.
Qui est qui ?
On ne sait plus qui on suit.
Quel programme ! »

Au-delà de cette interrogation que pose Barbara : Qui est qui ?

Il y a bien une absence de programme quand on aime. On y va. On ne sait pas où et on s'en moque. C'est une vraie liberté qu'on éprouve. En la vivant… et c'est ce qui compte en somme.

Rien de plus que cela, mais on sait qu'on y est. Quand on est là avec l'autre.

L'interrogation que je me pose au bout de cette histoire c'est véritablement qui était là, de moi en moi, et qui était là, en face de moi ? Plus le temps passait avec lui, moins j'étais certaine de la réponse quant à moi, quant à lui.

C'est bien ce qui m'a inquiétée, alors que mes sentiments étaient forts et croissants. Les siens, selon ses dires, aussi… selon ses dires, seulement…

J'ai alors décidé de consulter des données plus fiables sur la question délicate de la relation à un autre, vraiment autre. Disons les choses clairement : à une personnalité à tendance manipulatrice.

Je fis une incursion du côté du terme de psychopathie puisqu'il s'était déclaré tel !

Je trouvai : « *La psychopathie n'est pas une maladie mentale !* ». Ouf !

Selon des experts : « *Un trouble de la personnalité, une déviance par rapport à la norme* », soit !

Un terme né dans les années 1930…

Aujourd'hui, pour les spécialistes de la question, on parle d' « *Organisation de la personnalité à expression psychopathique = OPEP* » plutôt que du terme de « *psychopathe* » tant la reconnaissance du trouble se fait avec difficulté compte tenu des caractéristiques plurielles et croisées souvent avec d'autres pathologies, comme celle notamment du profil du « *Pervers narcissique* ».

Je notai que la Haute Autorité de Santé = HAS avait noté, sur la prise en charge des psychopathies, six points qui caractérisaient la personnalité psychopathe :

- L'indifférence froide : *« Les personnes ne sont pas sensibles ; on ne peut pas les "prendre par les sentiments". »*

- L'irresponsabilité : *« Cette irresponsabilité est souvent revendiquée, constante, avec un mépris des règles et des contraintes sociales. »*

- La difficulté de maintenir une relation avec autrui : *« Mais de manière paradoxale, la personnalité psychopathe a des facilités à nouer des relations. Simplement, elles ne durent pas. »*

- L'intolérance à la frustration : *« La personnalité psychopathe ne supporte pas de ne pas obtenir ce qu'elle veut, et son seuil d'agressivité est très bas en la matière : elle va très vite s'énerver. »*

- L'absence de culpabilité : *« Il n'y a aucune remise en question après un passage à l'acte. Même les sanctions ne remettent pas le psychopathe en question. »*

- La tendance à blâmer autrui : *« La personnalité psychopathe va expliquer de manière très rationnelle ses difficultés avec la société, en accusant les autres d'en être responsables, et de manière très convaincante. »*

La difficulté que j'ai eue à la lecture de ce profil, c'est de me dire que, oui, ces troubles existaient « en nombre et intensité » chez Jules, mais devaient concerner d'autres personnalités à un degré moindre, bref mon interrogation se portait aussi sur la pathologie des normes. C'est quoi au juste la norme ? Quand passe-t-on de la normalité au pathologique ?

Jules était concerné par des « *changements émotionnels* » ; c'était aussi une « *personnalité impulsive, qui aimait les relations fortes et intenses* »… mais c'est vrai qu'elles ne tenaient pas (ses relations fortes) dans la durée…

… il y avait bien « *un emballement des émotions* », un « *sentiment de vide dans la vie* »… mais certains traits se croisaient et faisaient écho avec la définition du « pervers narcissique ».

Je lisais encore : « *Pervers* » : « *Celui qui inverse, renverse ou retourne* ». « *Narcissisme* » : « *Mode général de comportements grandioses. Le narcissique a un grand besoin d'être admiré ; il surestime ses réalisations et ses capacités, s'attend à être reconnu comme supérieur ; il désire un pouvoir illimité et se moque des ressentis d'autrui* ».

Et aussi : L'expression "*Pervers narcissique*" est utilisée en psychopathologie pour désigner une personnalité marquée à la fois par un narcissisme exacerbé et des traits de perversion.

Je retrouvais là encore certains traits de la personnalité de Jules comme ce besoin constant d'être admiré, de se sentir supérieur et d'être reconnu comme supérieur.

Le profil du « *pervers narcissique* » était décrit comme suit :

- La fin justifie les moyens : *« Pour le pervers narcissique, faire preuve d'humanité ou de compréhension est vu comme l'expression d'une forme de naïveté ou de sensiblerie qui n'a pas lieu d'être. Il n'a pas de valeur morale, si ce n'est la loi du plus fort. Il perçoit les autres comme des objets servant ses intérêts et des moyens comblant ses désirs de pouvoir et d'autorité. »*

- Un égoïsme extrême : *« Il profite à chaque instant de toutes les opportunités, de toutes les situations et de toutes les personnes qui l'entourent. Seul son intérêt est important. C'est dans cet objectif que le pervers narcissique construit ses relations affectives : l'autre lui est utile pour son bien-être, pour son confort ; il l'exploite donc à bon escient et sait exactement donner ce qui est nécessaire pour que l'autre reste à lui.* »

- Une image de soi surdimensionnée : « *Comme l'enfant-roi, ses désirs doivent être comblés immédiatement, quels qu'ils soient. Certain d'être largement supérieur aux autres, le pervers narcissique n'accepte aucune remise en question, mais exige compassion et attention envers lui.* »

- De grandes capacités relationnelles : « *Le pervers narcissique est souvent très intelligent et de bon niveau culturel. Il renvoie une image tout à fait adaptée et est généralement bien perçu par son entourage qui n'a aucune idée de sa vraie personnalité. Il simule donc le fait d'être totalement rempli, en apparence, de bons sentiments humains et d'une sincère empathie pour autrui.* »

La lecture de ce profil me renvoyait avec justesse en miroir l'image de Jules en tous points. Tout y était cette fois ! Comme le portrait de Dorian Gray, le portrait de Jules était là. Je poursuivis la lecture complète de ce profil du « *Pervers Narcissique* ». Il y était question cette fois du couple, ça tombait bien !

Dans son couple : « *Le fonctionnement pervers entraîne systématiquement le rejet de tout affect, quel qu'il soit. Même dans son couple, il maintiendra toujours une distance suffisante pour ne jamais réellement s'engager. Le pervers narcissique ne connaît pas l'amour, mais se sert de son conjoint comme d'un moyen d'obtenir des satisfactions. Il l'attaquera donc systématiquement avec rage ou subtilité s'il n'a pas été contenté. Son égocentrisme et sa soif de pouvoir le conduisent à détruire sa liberté et à lui imposer des contraintes décidées par lui-même.*

Fin psychologue, il perçoit les faiblesses de son entourage et n'hésite pas à les utiliser pour le terrasser. La violence de ses attaques est sans pareille, car il est impossible de comprendre le niveau de sa haine et l'indifférence qu'il témoignera envers la détresse et la souffrance de sa victime, même s'il s'agit de son conjoint. Il tente très souvent de lui imposer sa vision péjorative du monde et de lui démontrer que son entourage est mauvais, qu'il lui veut du mal, s'imposant comme un protecteur et un sauveur. Personne n'a vraiment grâce à ses yeux. Il use avec une grande aisance des mensonges et des distorsions de la réalité et ne les reconnaît jamais. Mélanger le mensonge, la sincérité et la franchise fait partie de son fonctionnement, ce qui ne manquera pas de déstabiliser son conjoint. »

Le maintien de l'autre à distance sans aucun projet d'engagement, un égocentrisme certain (un ego surdimensionné), pas de contraintes imposées par l'autre, l'apposition du mensonge et de la sincérité faisaient bien partie de son fonctionnement. L'art de brouiller les pistes et de déstabiliser l'autre par une oscillation perpétuelle entre des comportements opposés. Toutefois, si Jules faisait preuve de violence, elle était d'ordre souterrain et psychologique jamais physique. Jules ne mesurait sans doute pas la portée de l'alternance entre les moments de plénitude qu'il était capable de donner et ses absences non annoncées. Créer une interrogation chez l'autre par un comportement chaud/froid, des espaces de bonheur plein, puis un vide absolu non préparé suscitait un trouble organisé chez l'autre. Destructeur.

Je conclus à la lecture de ces types de portrait, que Jules avait probablement un double profil : une composante nette de « *Pervers Narcissique* » et une dose de « *Personnalité à fonctionnement psychopathique* ».

Marie-France Hirigoyen traduisait justement dans la phrase qui suit le délicat transfert de douleur qui s'opérait là : « Les pervers narcissiques sont considérés comme des psychotiques sans symptômes, qui trouvent leur équilibre en déchargeant sur un autre la douleur qu'ils ne ressentent pas et les contradictions internes qu'ils refusent de percevoir. Ils « ne font pas exprès » de faire mal, ils font mal parce qu'ils ne savent pas faire autrement pour exister. Ils ont eux-mêmes été blessés dans leur enfance et essaient de se maintenir ainsi en vie. Ce transfert de douleur leur permet de se valoriser aux dépens d'autrui ». (Marie-France Hirigoyen, In *Le Harcèlement moral*, p. 126.)

Et elle notait que seule la fuite était par excellence le comportement à adopter pour les victimes de « *pervers narcissiques* ». Ce que je fis. Non pas sans douleur et le cœur en miettes. Je fis ce choix de distanciation pour sauver ma peau. Pour retrouver cette vitalité qui me caractérisait et que j'avais perdue au fil de la relation et en sa compagnie.

Cela s'était produit au fil du temps. Sans que je m'en aperçoive. En sourdine. J'en mesure le piège à présent.

Comprendre une situation aide à la dépasser. Je réalisai à la lecture de nombreux ouvrages spécialisés que j'avais été victime d'un homme à l'intelligence éblouissante et à la séduction bien rodée. Un pervers narcissique qui agissait tel un vampire, sans affect, aspirant la substance vitale de la victime que j'étais. Jules recherchait ainsi son reflet dans le regard de l'autre. J'étais cet autre ou plutôt ce reflet. Je n'existais pas en tant qu'individu mais seulement en tant que miroir. Et je comprenais que cette construction de jeux de miroirs avait été pour Jules la seule manière de se donner l'illusion d'exister. Le pervers qui me faisait face ressentait une jouissance vitale à me voir souffrir et douter. C'était pour moi de l'asservissement sous couverture d'amour.

Face à moi, se tenait un absent. Sans histoire. Avec des historiettes qui ne prenaient aucune date dans une histoire. C'était aussi un épris de supériorité à distance de lui-même et des autres. Il s'était sans doute passionné pour moi mais en une étincelle d'éternité. Il mimait de l'intérêt pour toutes les choses pour lesquelles je me passionnais et s'appropriait ces qualités-là, s'en nourrissait encore.

La musique pour laquelle il avait plus qu'un élan musical, il la redécouvrit avec moi, un temps. Puis, comme pour le reste, il l'abandonna sans crier gare. Ainsi, je reçus un matin par email, un : « *Je n'irai plus à ce festival, pas assez de temps pour ça !* ». Ce qui me renvoyait indirectement à quelque chose de médiocre : si ce que j'allais voir là ne valait pas la peine, cela disait en substance ma médiocrité aussi. Le retournement classique du pervers qui mimait une attitude d'intérêt pour quelque chose (la musique dans ce cas), mais qui n'était véritablement là, et seulement là, que dans une attitude mimétique. Faussement là. Absent à lui-même. Absent aux autres. Jamais pris, parce que jamais là. Jamais responsable, jamais coupable. Dans « l'entre » toujours.

Doute et souffrance ne faisaient pas partie de son vocabulaire.

Il transférait ça sur l'autre.

Je ne pensais pourtant pas être cette victime idéale, influençable, sur laquelle il était facile d'établir une vraie domination mentale, comme certaines analyses semblaient la décrire. En revanche, un manque de confiance et d'estime de moi-même me caractérisait sûrement. Un probable point d'appui sur lequel pouvait jouer Jules.

La difficulté que je rencontrais, du premier stade de la relation à la fin, c'était bien cette incohérence d'attitude : le chaud/froid, l'adorable/odieux, la séduction/destruction, dont j'ai déjà parlé, incohérence qui me plongeait systématiquement dans un doute dévastateur.

C'était insidieux, d'autant qu'il y avait toujours des moments très agréables, magiques même, qui me faisaient douter de ma lecture de la situation.

Ce qui me rendit à la raison, outre les conseils pris extérieurement auprès de personnes averties et au fait de portraits psychologiques variés, ce fut ce sentiment fort d'incompréhension croissant, associé à une forme d'angoisse et de tristesse, qui ne me collait d'habitude pas du tout à la peau. J'étais plutôt joviale, gaie, et partante pour tout, alors que petit à petit je perdais tout simplement cette joie intérieure forte, cette joie de vivre tout simplement.

Je devenais maussade, négative, et pas toujours agréable avec mon entourage. Dévastée par cette relation nocive.

Prenant alors conscience de ce changement émotionnel qui finissait par affecter aussi mon entourage, je me mis à chercher à travers des discussions nombreuses auprès de proches des réponses qui pouvaient m'apporter une compréhension plus nette de la situation.

Mes émotions jouèrent ainsi le rôle d'alerte, et mes proches de guide vers un mieux-être.

Je compris ainsi qu'une telle relation avec un tel être narcissique ne pouvait rien donner puisque lui-même ne voulait pas construire, aimer, donner. Il ne cherchait qu'à assouvir ses pulsions immédiates sans souci ni préoccupation des désordres causés chez l'autre et sans éprouver de culpabilité. Il avait un dessein précis et se servait de l'autre en l'instrumentalisant.

Je remarquai aussi que si, la plupart du temps, je n'avais personne en face de moi, j'avais aussi parfois des inventions de personnages en tous genres. Ainsi, Jules avait l'habitude de signer ses SMS avec des noms variables, d'emprunt. Quelle n'avait pas été ma surprise quand je reçus un jour un SMS signé James Bond 007. Restes de l'enfance, non, je crois que ça collait davantage avec une analyse bien trouvée par Gwenaëlle Aubry dans son roman *Personne*, où elle parle de son père maniaco-dépressif qui s'identifiait aussi à James Bond. Elle explique que son père voulait être James Bond, parce qu'il voulait être *« agent de l'ombre »*. Pour, non pas devenir plus grand, plus fort, plus beau, mais au contraire pour *« disparaître, s'éclipser, rejoindre la faille en lui, s'y nicher, à l'abri »*. Et qu'au fond cela l'éclairait sur son état intérieur, une « *sorte d'éclaireur* » qui lui annonçait son « *ennemi intérieur* ».

Dans le cas de Jules, c'était choisir là aussi un héros derrière lequel il s'abritait comme derrière ses lunettes-noires - qu'il portait quasiment tout le temps. Une défense permanente qui le protégeait de tout et de tous. Le nom de 007 l'abritait et le sécurisait face à toute rencontre possible.

Elle existait pourtant cette rencontre. Preuve : ses nombreux SMS, mais d'une certaine façon de manière fictive. Il était là avec ses mots, mais ça n'était pas lui. C'était son pseudo 007. Pratique et indétectable.

Là encore il donnait sans donner.

C'était lui et pas lui. Je notai encore, comme un révélateur de situation, des négations dans beaucoup de SMS qu'il m'adressait, qui niaient de fait ce qu'il voulait me dire. Il ne devait probablement pas se relire et laissait filer son inconscient à travers des lapsus écrits, sorte de négation qui aurait d'ailleurs dû m'alerter sur l'intentionnalité de ses actes. Mais, amoureuse, je mettais ça sur le compte de l'inattention et d'une précipitation dans l'écriture. Rien de plus. Aveuglée, encore ! Et mauvaise herméneute de surcroît !

***

XVI

ET MAINTENANT…
PETITE SAGESSE AMOUREUSE…

Suite à cette histoire éprouvante, je suis maintenant plus armée intérieurement.

Je crois que je peux déceler certaines stratégies de manipulateurs.

Par esprit de solidarité féminine, je voudrais, autant que faire se peut, aider les femmes sujettes à une sorte de mésestime de soi, à éviter de tomber sous le joug de séducteurs, dangereux parce que manipulateurs.

Même si les conseils ne servent qu'à ceux qui les profèrent, il en reste toujours quelque chose !

Alors, pour commencer :

Déceler la stratégie de manipulation avec l'aide des 30 critères d'Isabelle Nazare-Aga : Est manipulateur celui qui répond à 14 de ces critères :

- Il culpabilise les autres au nom du lien familial, de l'amitié, de l'amour, de la conscience professionnelle

- Il reporte sa responsabilité sur les autres ou se démet des siennes

- Il ne communique pas clairement ses demandes, ses besoins, ses sentiments et opinions

- Il répond très souvent de façon floue

- Il change ses opinions, ses comportements, ses sentiments selon les personnes ou les situations

- Il invoque des raisons logiques pour déguiser ses demandes

- Il fait croire aux autres qu'ils doivent être parfaits, qu'ils ne doivent jamais changer d'avis, qu'ils doivent tout savoir et répondre immédiatement aux demandes et questions

- Il met en doute les qualités, la compétence, la personnalité des autres : il critique sans en avoir l'air, dévalorise et juge

- Il fait porter ses messages par autrui

- Il sème la zizanie et crée la suspicion, divise pour mieux régner

- Il sait se placer en victime pour qu'on le plaigne

- Il ignore les demandes même s'il dit s'en occuper

- Il utilise les principes moraux des autres pour assouvir ses besoins

- Il menace de façon déguisée ou pratique un chantage ouvert

- Il change carrément de sujet au cours d'une conversation

- Il évite l'entretien, la réunion ou s'en échappe

- Il mise sur l'ignorance des autres et fait croire en sa supériorité

- Il ment

- Il prêche le faux pour savoir le vrai

- Il est égocentrique

- Il peut être jaloux

- Il ne supporte pas la critique et nie les évidences

- Il ne tient pas compte des droits, des besoins et des désirs des autres

- Il utilise souvent le dernier moment pour ordonner ou faire agir autrui

- Son discours paraît logique ou cohérent alors que ses attitudes répondent au schéma opposé

- Il flatte pour vous plaire, fait des cadeaux, se met soudain aux petits soins pour vous

- Il produit un sentiment de malaise ou de non-liberté

- Il est parfaitement efficace pour atteindre ses propres buts mais aux dépens d'autrui

- Il vous fait faire des choses que vous n'auriez probablement pas faites de votre propre gré

- Il fait constamment l'objet des conversations, même lorsqu'il n'est pas là

Et voici quelques conseils facilement applicables que je préconise :

- S'entourer de points de vue perspectifs différents sur la situation, autrement dit éviter la situation de vase clos…
- Ne pas s'isoler et délaisser ses ami(e)s.
- Demander des avis à ses ami(e)s, à sa famille, à des personnes qui font référence pour vous.
- Dès qu'on le peut, présenter son compagnon à ses proches : s'il refuse, se méfier d'emblée.
- Le confronter à des situations diverses de manière à voir quel est son comportement : un bon indice pour la suite…
- Se méfier des belles paroles et des mots trop enveloppants. Préférer un mot bien pesé, des paroles circonstanciées.
- Se référer aux actes qui renseignent mieux que les mots.
- Ne pas se mettre en position d'attente : si votre compagnon vous renseigne au dernier moment sur ses disponibilités, et s'il voit que vous marchez sur ce terrain, vous attendrez sans cesse, et ne ferez qu'attendre !
- Dialoguer, éviter les situations de conflit. Dire ce que l'on a à dire avec douceur.
- Faire la lumière sur ce qui dérange et intrigue : ne pas avoir peur de perdre l'autre. On économisera temps et investissement affectif.
- Faire le point assez vite sur ses émotions, révélatrices de son état amoureux.

- Faire confiance à son intuition.

- Ne pas se précipiter quand il appelle.

- Le faire attendre : le désir naît de cette attente !

- Ne pas dire tout sur soi-même d'emblée… Rester mystérieuse… Ils savent user et abuser de ce jeu-là aussi !

- Savoir jouer ! Ce sont des enfants !!

- Ne pas prendre la place de la mère, ni celle du psy ! Rester sa compagne, sa muse, son mystère…

- Ne pas attendre tout de l'autre…

- Savoir que les conseils ne sont pas et ne font pas recette ! Chaque histoire se compose à deux et les deux êtres en question improvisent leur chemin à deux et de concert… S'aventurer sans y mettre trop d'attente et de projections à long terme.

La marche à suivre appartient à chacun…

***

XVII

VERS UNE RECHERCHE D'HARMONIE AVEC SOI ET LES AUTRES

Dépasser les événements vécus comme des échecs appartient à tout un chacun. En faire quelque chose de positif, c'est encore l'affaire de chacun. Je témoigne ici à la fois de la difficulté de prendre un autre chemin pour aller de l'avant mais aussi d'une volonté de dépassement nécessaire pour qu'advienne du positif. Chercher en soi le moteur de ce dépassement est encore l'affaire de chacun.

Mon affaire. Ton affaire. Son affaire.

Entre volonté et représentation…

Vouloir est plus fort que se représenter des choses inatteignables.

Se représenter une scène avant d'agir, se voir positivement dans la situation avant de la vivre, aide à la vivre avec plus de facilité. Mais vouloir la chose même implique le « Je » dans l'action et les ressorts intérieurs du « Je ». Et ceux-là se déploient quand la lumière s'est faite sur la situation, quand l'analyse que « je », « tu», « il » mènent pour comprendre est menée à terme.

Au terme de ce travail, à partir de cette histoire et de l'analyse que j'ai pu en tirer, je voudrais à présent pouvoir la transmettre : « *cueillir le jour* » et le présent sans appréhension, pouvoir aider les autres à se dire aussi : *« Profite du jour présent, carpe diem »*.

Entrer dans une nouvelle histoire au présent. Autrement. Voilà le bénéfice que je puis tirer à ce jour de cette histoire personnelle. Sans en vouloir à Jules.

Le fait d'être parvenue à démonter un mécanisme psychologique pour en comprendre les nœuds m'a aidée à ne pas haïr l'autre, mais au contraire à tenter de le comprendre et de surmonter cet état de fait compte tenu de l'impossibilité de changer une situation. On peut changer ce qui dépend de nous mais pas ce qui n'en dépend pas.

« *Il y a des choses qui dépendent de nous et d'autres qui ne dépendent pas de nous* », disait Epictète dans son *Manuel*. Il s'agit bien alors d'opérer un travail de détachement quant aux choses et événements qui ne dépendent pas de nous.

J'ai ainsi l'impression d'être allée au bout de cette histoire en ayant essayé d'agir là où je le pouvais.

J'ai, du coup, acquis une connaissance plus aboutie de moi-même, même si je ne suis pas encore au stade du : « *Connais-toi toi-même et tu connaîtras l'univers et les dieux* » comme le dit la maxime inscrite sur le temple d'Apollon que reprend Frédéric Lenoir dans son *Petit traité de vie intérieure*. Je suis sur le chemin, en route vers cette connaissance qui « *se dévoile au plus intime de soi* » et qui amène par suite peut-être à la connaissance du cosmos et du divin…

Merci, Jules, pour ça aussi !

***

XVIII

« DEVIENS CE QUE TU ES »...
À LA LUMIÈRE DE L'AUTRE

Trouver sa voie n'est pas chose aisée.

Lors de notre rupture, Jules m'avait fait entendre cette phrase : « *Trouve ta voie, vole de tes propres ailes...* » ; je crois bien que c'était son dernier mot - SMS - après le fatidique *« Je ne suis pas fiable »*. Une manière de me faire comprendre que la voie que j'avais prise là n'était pas la mienne propre. Dans cette citation d'inspiration grecque, du poète antique Pindare : « *Deviens qui tu es* », souvent reprise, notamment par Nietzsche : « *Deviens ce que tu es* », il y a en arrière-plan l'idée qu'être ce que l'on est n'est pas chose facile.

Sa vraie nature, c'est paradoxal, on la connaît mieux que quiconque, mais on ne la laisse pas se manifester toujours. Pour des raisons, jamais les mêmes pour chacun. Il faut bien alors cet effort de connaissance de soi, pour que s'éclaire la route vers soi. Et c'est bien souvent à la lumière de l'autre que se révèlent des pans insoupçonnés de notre nature.

J'ai ainsi compris, à travers les propos de Jules, ce que je savais de moi mais que je ne voulais pas m'avouer avec autant de clarté : la voie que j'avais prise jusque-là dans ma vie n'était pas celle qui me correspondait au fond.

L'autre avait bien été ce révélateur.

Ce banal retour vers soi à travers l'autre, que Jules me donnait l'occasion de vivre, là encore.

Ainsi, une rencontre, même si certains moments sont difficiles à dépasser au stade de la rupture, offre dans l'après-coup une occasion de réflexion que chacun peut mener sur lui-même. C'est dire que même si des périodes dévastatrices ont eu lieu, elle est source de meilleure connaissance de soi. Ce qui m'a invitée à m'interroger sur le début, le fond et le sens des rencontres.

***

XIX

... DE QUOI NAÎT LA RENCONTRE ? QUEL PRÉLUDE À LA RENCONTRE ?

Qu'est-ce qui fait que deux individus se rencontrent ?

Sur quelle base se définit cette rencontre ?

Qu'est-ce qui fait qu'il y a rencontre ?

A la lumière de ce parcours amoureux, je me suis interrogée. D'autant que, dans cette histoire particulière, me faisait face une personne aux facettes de « *pervers narcissique* », « *psychopathe* » que je n'ai pas vu venir ! Ou que j'ai vu venir mais pas voulu voir !

Je fais l'hypothèse que ce sont les failles de l'autre qui créent comme un appel vers les siennes propres, les failles des deux individus se rencontrent ou bien autre hypothèse : la faille de l'un se trouve comblée par ce que cet un n'a pas et peut faire l'objet d'un remplissage, d'un comblement par l'autre.

Ainsi, l'excès de confiance en soi de Jules, ce « superégocentrisme », vint combler mon manque de confiance en moi.

Ou plus subtil, je lis maintenant à travers cette super protection qu'amène Jules, au contraire, une faille de vulnérabilité déjà comblée par son contraire, cette fausse confiance en soi. Cette vulnérabilité me touche et me rappelle ma faille, ce manque de confiance en moi. Elle vient creuser mon interrogation. De là, une meilleure connaissance de soi à travers l'autre. Toujours ce même *feedback*. La boucle est bouclée. La bouche pas close pour autant puisque le verbe surgit bien !

La rencontre crée un fonctionnement autre, chez les deux partenaires. Tous deux ainsi bouleversés, tous deux changés. C'est bien le signe ultime de cette rencontre. Il s'opère un mouvement constant existentiel, qui traverse chaque individu. En sortiront deux personnes marquées chacune de ce sceau de la rencontre : différentes à l'issue de cette route.

Avec cette nuance, notable à l'origine : j'étais face à un être au comportement pas banal mais hors norme. Je note ce changement pour les deux, quelle que soit la base de laquelle nous partons. Jules m'avait écrit : « *Cette rencontre m'aura marqué. Je ne serai jamais plus le même. Tu seras toujours présente dans mon cœur.* »

Signifiant la fin d'une histoire, la marque d'une rencontre forte et le bouleversement de l'être qui ne reste pas identique à celui d'avant la rencontre.

***

XX

LA TRAVERSÉE DU TEMPS

Leçon du temps

Que faire d'un temps partagé qui reste en mémoire et qui n'est plus ? De ce temps d'ordre psychologique, introspectif qui invite à une revisitation d'une histoire commune entre deux êtres ? À une autre lecture d'après-coup ?

Comment lire ou relire une continuité d'événements passés, dans un temps qui n'est plus ?

Comment revisiter ces espaces-temps pris avec l'autre, restant en mémoire, à l'heure d'un autre temps, le temps de l'après ?

Dans toutes ces interrogations, figure un temps de l'avant et de l'après.

Ainsi, la lecture que je vais pouvoir faire de ces événements passés se fera par le filtre du temps présent. Un temps psychologique qui vient faire retour sur le passé et qui n'est plus le même.

Je crois pouvoir dire que je n'ai jamais eu la sensation d'éprouver ce temps d'aussi près que depuis la fin de cette histoire.

Ce temps est devenu ainsi un allié dans la compréhension de l'événement. Favorable aux silences et à une écoute introspective, il s'est chargé d'un espace-sens interprétatif. Aussi ce travail que j'ai dû mener pour me reconstruire s'est-il fait à mes dépens. Sans que je décide quoi que ce soit. Ni du temps imparti nécessaire à ce dépassement douloureux de situation, ni de la vitesse de résolution de passage d'un état de quasi-déprime à un état de mieux-être. Des pans de compréhension se sont échafaudés dans mon esprit au rythme de mes lectures. Des rêves éclairant certains arrêts sur image dans cette histoire m'ont permis d'y voir plus clair. Mais ce temps nécessaire à cette métamorphose était le temps nécessaire pour moi. Dans le cas d'autres femmes subissant une situation semblable, le temps de guérison après rupture ne serait certainement pas le même. Un temps pour chacun, différent, mais nécessaire pour cette période de résilience.

En revanche, ce temps m'a semblé plus plein d'introspection et de réflexions. Jamais je n'aurais pu l'enrichir de ces méditations en début d'histoire, happée par ce climat passionnel et fusionnel qui en faisait justement fi et dans lequel j'étais plongée.

Le temps passait à une telle allure, que je l'oubliais comme noyée dans l'autre. *Tempus fugit* !

D'un temps fuyant, je suis passée à… ou plus exactement j'ai composé avec un temps réparateur.

Le temps n'avait pas été mon affaire mais il le devenait enfin !

Ainsi une longue traversée eut lieu à travers des mots, des échanges, avec des personnes extérieures, aux regards pluriels et exercés, pour m'aider à déchiffrer une situation faite de nœuds et de contradictions.

Devenant, grâce à elles, meilleure herméneute, je consultais des portraits psychologiques variés dans des revues psychiatriques présentant des traits de telle ou telle pathologie : « *schizophrénie* », « *paranoïa* », « *psychose* », « *maniaco-dépression* », « *névrose* »… Je tentais ainsi de déceler les traits de personnalité avec lesquels il était possible de composer. Certains étaient vivables, d'autres pas, traitables parfois… l'occasion de faire un pseudo-bilan des caractères compatibles.

Ce fut pour moi comme une feuille de route, un tableau de bord de personnalités diverses, représentant les grands profils existant dans nos sociétés actuelles. Je fus frappée par les nouveaux codes de langage et abréviations comme l'OPEP pour Organisation de la personnalité à expression psychopathique plutôt que le terme « *psychopathe* », et par la multitude de traits communs et croisés dans diverses pathologies.

Si ces traits existaient en nombre et de manière répétée, cela orientait vers telle ou telle affection. En nombre insuffisant, ça devenait moins alarmant et cela pouvait même concerner des personnes « saines ».

Jules rassemblait ainsi tous les traits du « *pervers narcissique* » ainsi qu'un rapport au temps bien particulier. Absent aux autres, il ne s'inscrivait de fait dans aucun temps.

« *Quand on est présent à soi-même, dit Porphyre, on possède l'être qui est présent partout. C'est seulement de cette absence à nous-même que naît notre vie temporelle et par conséquent notre faiblesse et tous nos malheurs* », écrivait Pascal.

Sa non-inscription dans le temps et son absence aux autres impliquaient pour moi l'impossibilité d'envisager une vie avec lui. Ce type d'analyse me permit de prendre de la distance et de me dégager d'une relation qui s'avérait impossible à vivre sereinement.

***

XXI

LES TROIS VOYAGES...

De cette histoire amoureuse, je retiens trois voyages : un voyage vers le monde, un voyage vers l'autre, un voyage vers soi. Un « avant », un « pendant », un « après ». Une route où s'épaissit, se densifie la teneur d'un propos sur l'amour.

A la lumière de ces voyages, c'est une forme de sérénité que j'ai trouvée.

L'acceptation que même si des routes se croisent le temps d'une histoire, elles restent ancrées dans une mémoire, qui enrichit l'événement, l'histoire d'amour en l'occurrence, au fur et à mesure de son avancement.

C'est dire qu'une histoire d'amour commence dès qu'il y a désir et finit bien après la rupture ou la fin. C'est dire qu'elle prend place dans plusieurs temps dans la mesure où l'esprit est sollicité autrement et en permanence, avant, pendant et après.

Un voyage, c'est ainsi trois voyages.

Dans « l'avant » du rendez-vous, on est déjà près de l'autre en esprit et en corps. On se prépare pour l'autre, on se toilette.

Dans le « pendant », ça va presque trop vite. On ne mesure quasiment pas le temps, l'autre vous happe.

Dans l'après, on étire la présence. Par la pensée qui met de l'ordre dans ce que l'on peut déjà nommer des souvenirs, même récents, on se refait le film littéralement, on le fait quasi être une deuxième fois, une énième fois. La scène est mille fois recommencée…

A l'instar de ces voyages « avant, pendant, après » rendez-vous, il y a de manière figurée le voyage de la vie qui l'installe encore dans ces trois temps.

Ainsi j'ai plaisir à entrer dans l'histoire, à la vivre et à en faire quelque chose après. Une manière de la prolonger dans une cohérence globale qui puisse faire sens pour moi.

L'analyse à laquelle j'ai tenté de procéder dans le cadre de ce petit traité, c'est quelque chose comme un voyage vers soi passant nécessairement par l'autre… le plus court chemin vers soi.

L'autre dans ce cas était vraiment autre dans sa structure, ce qui n'a pas empêché l'amour. La différence nourrit cette attraction pour l'autre.

La nécessité de poser en dehors ce récit est encore un acte de continuation de l'histoire. Elle pose définitivement en acte l'aboutissement d'une route. Arrivée à destination.

J'arrive chez moi autrement, après être passée par cette expérience enrichissante et unique d'amour, de haine et de réconciliation pour un être aussi merveilleux que manipulateur.

C'était un grand amour, un bel amour. Cet amour me dessine, nous dessine comme aimables, donc comme aptes à être aimés, encore.

Cette belle expérience rend capable d'aimer toujours ; elle dispose à aimer : L'amour que l'on a vécu crée en nous à jamais la faculté d'aimer…

***

POST-SCRIPTUM

Bonne route

Je voudrais que ce texte autour d'un récit dont la composition m'a été dictée par des scènes vécues dans mon existence aide certaines femmes à ne pas tomber dans une interprétation naïve et parfois destructrice de situations amoureuses ambiguës.

Que certains conseils et portraits puissent les aider à se faire une idée plus claire de ce que peuvent produire toutes sortes de manipulations.

Que la vigilance et la méfiance à l'égard de séducteurs chevronnés les aident à suivre un chemin plus court et plus authentique, afin qu'elles ne s'enkystent pas dans une telle relation.

Aussi, j'espère que ce texte aura une valeur informative et préventive pour que des vies de femmes prennent place dans un temps vécu réel et constructif.

***

TABLE

L'HARMATTAN, ITALIA
Via Degli Artisti 15; 10124 Torino

L'HARMATTAN HONGRIE
Könyvesbolt ; Kossuth L. u. 14-16
1053 Budapest

L'HARMATTAN BURKINA FASO
Avenue Mohamar Kadhafi (Ouaga 2000) – à 200 m du pont échangeur
12 BP 226 OUAGADOUGOU
(00226) 50 37 54 36
harmattanburkina@yahoo.fr

ESPACE L'HARMATTAN KINSHASA
Faculté des Sciences sociales,
politiques et administratives
BP243, KIN XI
Université de Kinshasa

L'HARMATTAN CONGO
67, av. E. P. Lumumba
Bât. – Congo Pharmacie (Bib. Nat.)
BP2874 Brazzaville
harmattan.congo@yahoo.fr

L'HARMATTAN GUINÉE
Almamya Rue KA 028, en face du restaurant Le Cèdre
OKB agency BP 3470 Conakry
(00224) 60 20 85 08
harmattanguinee@yahoo.fr

L'HARMATTAN CÔTE D'IVOIRE
M. Etien N'dah Ahmon
Résidence Karl / cité des arts
Abidjan-Cocody 03 BP 1588 Abidjan 03
(00225) 05 77 87 31

L'HARMATTAN MAURITANIE
Espace El Kettab du livre francophone
N° 472 avenue du Palais des Congrès
BP 316 Nouakchott
(00222) 63 25 980

L'HARMATTAN CAMEROUN
BP 11486
Face à la SNI, immeuble Don Bosco
Yaoundé
(00237) 99 76 61 66
harmattancam@yahoo.fr

L'HARMATTAN SÉNÉGAL
« Villa Rose », rue de Diourbel X G, Point E
BP 45034 Dakar FANN
(00221) 33 825 98 58 / 77 242 25 08
senharmattan@gmail.com

562436 - Avril 2014
Achevé d'imprimer par

1livre.com
du rêve à la réalité !